KYNOS KLEINE HUNDEBIBLIOTHEK

DER ROTTWEILER

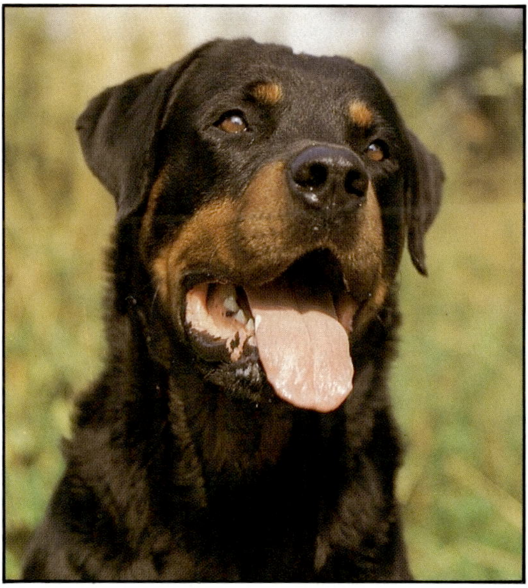

KYNOS VERLAG MÜRLENBACH

KYNOS KLEINE HUNDEBIBLIOTHEK

DER ROTTWEILER

Joan Blackmore

Fotos von Marc Henrie

INHALTSVERZEICHNIS

IMPRESSUM

© KYNOS VERLAG
Dr. Dieter Fleig GmbH
Am Remelsbach 30
D-54570 Mürlenbach/Eifel
Telefon: 0 65 94/6 53
Telefax: 0 65 94/ 4 52

3. Auflage 1996

ISBN-Nr. 3-924008-54-X

©Englische Originalausgabe
Salamander Books Ltd., London 1987
Übersetzung: Dieter und Helga Fleig

TIERÄRZTLICHE BERATUNG

Keith Butt, MA, VetMB (Cantab), MRCVS. Keith Butt legte 1961 an der Cambridge Universität sein Examen ab. Er betreibt heute eine eigene tierärztliche Praxis in Kensington, London, und hält und züchtet verschiedene Hunderassen.

ZUM GELEIT

Joan Blackmore, eine bemerkenswerte Rottweilerexpertin und erfolgreiche Rottweilerzüchterin in England, hat in kompakter Form ein übersichtliches und informatives Buch über die Rasse Rottweiler geschrieben.

Zu meiner Freude hat sie sich mit der Hundeaufzucht sehr ausführlich beschäftigt und sehr gut herausgearbeitet, in welchem Umfang ein junges Tier durch seine Umwelt geprägt wird.

Vor allem für diejenigen, die ihre erste Bekanntschaft mit dem Rottweiler schließen wollen, bietet das Buch wertvolle Hinweise über die Problematik der Hundehaltung, den Welpenkauf, die Aufzucht sowie die Erziehung des Hundes.

Ich bin überzeugt, daß dieses Rasseportrait, das mit sehr viel Liebe zum Rottweiler geschrieben ist, der Rasse einen großen Dienst erweist und viele Liebhaber gewinnen wird.

Klaus Altpeter
1. Vorsitzender
Allgemeiner Deutscher Rottweiler Klub (ADRK)

AUTOR

Joan Blackmore arbeitet über ihr gesamtes Leben mit Hunden. Ihren ersten Hund – einen Bull Terrier – bekam sie im Alter von 11 Jahren, 9 Jahre später legte sie mit einem anderen Bull Terrier die CDX Arbeitsprüfung ab (Companion Dog Excellent). Bis 1963 arbeitete Joan mit Bull Terriern und stellte sie auf Ausstellungen vor. Dann begann ihre lange und erfolgreiche Verbindung zu Rottweilern. Auch ihr erster Rottweiler, Emil Blackforest (Panzer), qualifizierte sich unter ihrer Führung für das begehrte CDX.
Joan war Präsidentin, ist zur Zeit Chairman des Rottweiler Club of Great Britain, sie ist international anerkannte Ausstellungsrichterin, richtete 1982 auf Crufts. Joan importierte über die Jahre 6 deutsche Rottweiler nach England, hierzu gehörte auch Bulli v. d. Waldachquelle. Joan Blackmore züchtet und richtet Rottweiler, ist gleichzeitig bekannt als außerordentlich erfolgreiche Hundetrainerin für Film und Fernsehen mit über 3000 Einsätzen in den letzten 23 Jahren.

FOTOGRAF

Marc Henrie begann seine Karriere als Standfotograf bei den berühmten Ealing Filmstudios in London. Von hier ging er nach Hollywood, wo er für MGM, RKO, Paramount und Warner Brothers arbeitete. Er fotografierte die Großen von Hollywood: Humphrey Bogart, Edward G. Robinson, Gary Cooper, Joan Crawford und Ingrid Bergman, um nur wenige zu erwähnen. Er war einer der letzten Fotografen, der Fotos von Marilyn Monroe machte.
Als er später nach England zurückkam, spezialisierte sich Marc auf Hunde- und Katzenfotografie und gewann sehr schnell internationale Anerkennung. Er hat zahlreiche Fotopreise gewonnen, vor kurzem den Kodak Award für beste Tierfotografie und die Neal Foundation Award für herausragende Fotografie tierischen Verhaltens.
Marc ist mit der früheren Ballettänzerin Fiona Henrie verheiratet, die heute Tierbücher schreibt und illustriert. Sie leben mit ihrer Tochter Fleur, zwei Cavalier King Charles Spaniels und einer Katze namens Topaz im Westen von London.

Einleitung

Für wen eignet sich der Rottweiler?

Der Rottweiler ist ein hochinteressanter und dankbarer Hund – aber nur für bestimmte Menschen, die charakterlich zu ihm passen. Die kraftvolle Gestalt und das selbstbewußte Wesen dieser Hunde erfordern einen Hundehalter, der wirklich über den Hund, seine Haltung und Erziehung nachdenkt, sich echt für ihn interessiert.

Rüden erreichen eine Schulterhöhe von 68 cm, Gewichte von über 57 Kilo. Bei einer solchen Hunderasse muß der Besitzer sicher sein, daß er seinen Hund immer beherrscht, er muß dem Hund klarmachen, daß er Kraft und Mut stets für seinen Herrn, nie gegen ihn einsetzen darf. Ein Rottweiler an der Seite seines Herrn ist ein wunderbares Tier, ein Rottweiler, der sich gegen seinen Herrn auflehnt, ist genau das Gegenteil.

Es ist auch teuer, diese Hunde zu halten, sie brauchen gutes Qualitätsfutter, haben großen Appetit, deshalb sollte man vor einem Kauf genau überlegen, ob man es sich leisten kann, einen so großen Hund zu füttern und zu halten; ein entsprechend gut eingezäunter Garten oder Hof sind wichtige Voraussetzungen.

Nervöse Leute, die eine billige Alarmanlage gegen Einbrecher suchen, sind gut beraten, eine Spezialfirma für Einbruchsicherung um Rat zu fragen. Ein nicht richtig erzogener Rottweiler kann im Hause sehr viel mehr Schaden anrichten als der Durchschnittseinbrecher!

Probleme entstehen auch für den jungen Macho, der für seine Imagepflege einen entsprechenden Vierbeiner möchte und seinen jungen Rottweiler dazu ermutigt, gegen alles und jedes anzugehen. Er wird sich bald vor Gericht finden, und der unglückliche Hund könnte leicht das Schicksal erleiden, auf gerichtliche Anordnung eingeschläfert zu werden.

Auch Menschen, die für ihren Garten einen Kettenhund suchen, der Übeltäter verscheucht, könnten mit einem Rottweiler unangenehme Probleme haben. Ist dieser Hund nicht geliebt und unerzogen, wird er bestenfalls in seiner Einsamkeit und Verzweiflung laut heulen, im schlimmsten Fall den Menschen beißen, der ihm dieses schreckliche Leiden zumutet!

Wer paßt zum Rottweiler?

a) Sein Besitzer muß bereit sein, dem Hund alle Grundbegriffe des Gehorsams beizubringen, die nun einmal notwendig sind;

b) sein Besitzer muß bereit sein, den Hund voll in die Familie zu integrieren, ihn allen Regeln des Miteinanders einer Durchschnittsfamilie unterwerfen;
c) sein Besitzer muß ein Gefühl für Fairneß und Humor haben, dazu die Fähigkeit, seine Freude, aber auch seinen Unwillen dem Hund verständlich machen;
d) sein Besitzer muß dafür sorgen, daß alle Familienmitglieder den Hund lieben, respektieren und mit ihm leben möchten, genauso wie er selbst; die Familienmitglieder müssen dem Hund gegenüber ebenso bestimmt und fair sein wie er selbst; ein Familienmitglied muß den Tag über immer zu Hause, darf nicht berufstätig sein.

Unter solchen Voraussetzungen ist ein Rottweiler in der richtigen Umgebung eine Freude für die gesamte Familie; ist nichts los, schläft der Rottweiler, droht Gefahr, ist der Hund jederzeit bereit, stellt sich der Gefahr. Möchte man mit dem Rottweiler spielen, ist der Hund davon begeistert. Sinnloses Kläffen liegt dieser Rasse nicht; bellt der Rottweiler, sollte man Ausschau halten, in der Regel hat er guten Grund dazu. Ist man selbst liebevoll und zärtlich, ist dies der Macho Rottweiler ebenso, denn Familie und Freunden gegenüber hat er ein weiches Herz.

Einige Rottweiler sind „Grumbler" („growlers") – das heißt, sie grumbeln freundlich in der Kehle, wenn ihr Rücken gekrault wird; das ist ihre Art, ihr Vergnügen durch „sprechen" zum Ausdruck zu bringen. Rottweiler hassen meist übertriebene Freundlichkeit von Fremden, insbesondere von Typen, die meinen, alle Hunde liebten sie und einem Hund rauh und herzlich begegnen, ihn in ihrer eigenen Art betätscheln. Findet man seinen Rottweiler in einer solchen Situation, sollte man eingreifen, dem Tun Einhalt gebieten. Der Hund zeigt seinen Ärger, indem er sehr ruhig wird, eine Art „schwarzer Blick" entsteht in seinen Augen. Dies ist dann der Punkt, an dem – wenn der Fremde nicht aufhört – der Hund sein Unbehagen an solcher Behandlung zum Ausdruck bringt. Ich muß unterstreichen, daß nicht alle Rottweiler so reagieren, aber es ist gut zu wissen, daß es einige tun. Man sollte gewarnt sein.

Links: *Am glücklichsten leben Rottweiler, wenn sie voll in die Familie einbezogen sind.*

Unten: *Kann man einen Rottweiler richtig erziehen, halten und füttern, findet man in ihm einen idealen Begleithund.*

Es ist natürlich nicht leicht, Freunden zu sagen, sie sollten den Hund nicht anfassen, aber wenn man nun einmal einen Rottweiler besitzt, muß man ehrlich und aufrichtig sein, wie die Hunde selbst.

Rottweiler sind Gebrauchshunde. Sicherlich lassen sie in ihrem Besitzer nicht den Eindruck entstehen, er sei der beste Hundeausbilder der Welt – ein Gefühl, das manche Schäferhunderassen zu vermitteln vermögen. Diese Hunde haben, auch wenn sie gut ausgebildet sind, immer noch ihr Selbstbewußtsein, reagieren selten sklavisch. Vielmehr übernehmen sie die Rolle eines guten Kumpels.

Allgemein gesprochen, Rottweiler lieben Haus und Familie, neigen nur wenig zum Streunen. Ich habe insgesamt nur vier Rottweiler kennengelernt, die streunten, diese lebten auf großen Landgütern, fernab von jedem Nachbarn, waren über viele Stunden sich selbst überlassen. Ohne Erziehung oder feste Richtlinien, die nicht überschritten werden durften, kannten diese Hunde keine Grenzen.

Der Rottweiler im Alltagsleben

Kinder und Rottweiler kommen gut miteinander aus, vorausgesetzt, der Besitzer ist ein guter Schiedsrichter. Man sollte ein Kind, das den Hund schlecht behandelt, zurechtweisen und auch umgekehrt; beide müssen lernen, sich gegenseitig zu respektieren! Ich kenne nur einen einzigen Rottweiler, der ein Kind gebissen hat, und dieser Hund wurde vom Kind dadurch gequält, daß es ihm einen übriggebliebenen Eislutscher in den After stieß; der Rottweiler fügte ihm mit einem Gebiß, das den Arm des Kindes hätte brechen können, eine ganz geringfügige Wunde zu. Danach wurde der Hund in eine Familie mit drei reizenden Kindern umgesetzt, die mit ihm bis zu seinem Tode glücklich zusammenlebte, ohne daß es je zu Problemen kam.

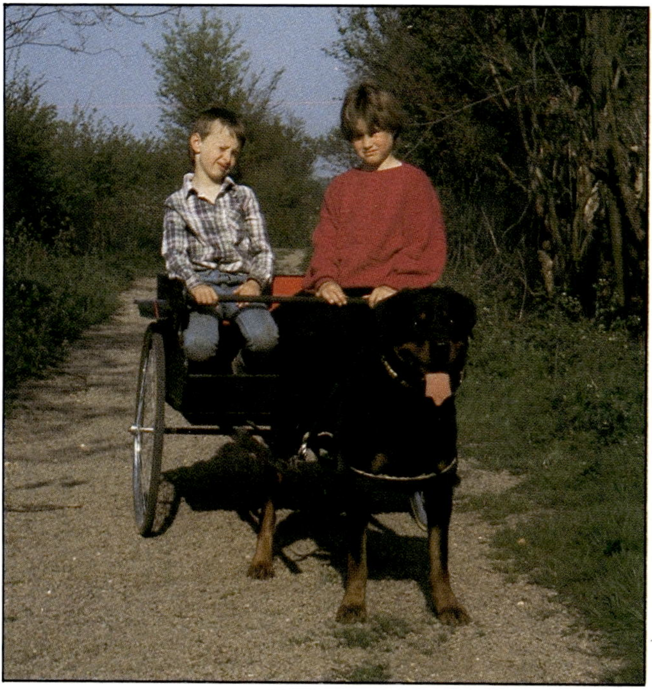

Links: *Der Rottweiler-Sieger von Crufts 1987, Ch. Aylsham Beauty of Potterspride in Ausstellungshaltung.*

Oben: *Ein ganz besonderer Reiz des Rottweilerhaltens ist die Ausfahrt im kleinen Wagen, ermöglicht durch die Stärke der Rasse und ihre Arbeitsfreude.*

Möchte man einen Hund, der friedlich mit Katzen, Pferden, Vieh, Schafen und anderen Hunden zusammenlebt, muß man den Hund im frühen Alter mit allen diesen Tieren zusammenbringen, ihn für jegliches Jagen oder Beunruhigen ernsthaft zurechtweisen. Es ist notwendig, Willensstärke zu haben, auf richtiges Verhalten zu bestehen. Man wird schnell erkennen, daß der Hund durchaus bereit ist, auch hohen Anforderungen auf Gehorsam nachzukommen. Aber eine „Wischie-Waschi-Erziehung" wird nie das Beste aus einem Rottweiler machen, dies gilt natürlich für jede Erziehung.

Rottweiler-Rüden können anderen Hunden gegenüber recht aggressiv sein. Man tut gut daran, dies zu wissen, vom ersten Augenblick an den Hund strikt zurechtzuweisen, wenn er solch schlechtes Verhalten versucht. Es gibt nichts Schöneres als einen Rottweiler-Rüden, der über genügend Selbstvertrauen und Erziehung verfügt, um in jeder Situation andere Hunde völlig zu ignorieren, nichts Schlimmeres als einen Rottweiler, der jeden anderen Hund zu tyrannisieren versucht. Es ist einfach Sache des Hundebesitzers, seinem Hund völlig klar zu machen, daß er ein solches Verhalten nicht duldet.

Der Rottweiler ist ein ganz besonderer Hund. Ein gut erzogener Rottweiler ist für jedermann ein Vergnügen, findet Freunde, wogegen der falsch verstandene, nicht erzogene oder völlig verdorbene Rottweiler im günstigsten Fall eine Schande für die Rasse ist, im schlimmsten eine Gefahr, die möglicherweise durch Einschläfern beseitigt werden muß.

Oben: *Musterexemplar eines langhaarigen Rottweilers, man achte auf die Befransung an Ohren, Brust und Hinterläufen.*

Rechts: *Blitz, im Besitz und ausgebildet von Artur Gallas aus Dortmund. Er war vor seiner Erziehung ein echter Problemhund.*

Man muß immer wissen, daß ein Hund immer das ist, was man aus ihm macht, Ergebnis von Erziehung, Umfeld und Aufzucht – ganz gleich, wie man es nennt. Hat man nicht die Zeit und Geduld, seinen Hund zu erziehen und mit seiner Umwelt vertraut zu machen, sollte man nie einen Rottweiler kaufen, denn dies ist dann bestimmt nicht die richtige Rasse. In meiner Arbeit habe ich so viele sogenannte „Problemhunde“ kennengelernt, 99 % davon waren ganz einfach schlecht erzogen und falsch verstanden. Haben die Besitzer erst einmal begriffen, warum sich ihr Hund so verhält, kann man ihnen Abhilfemaßnahmen beibringen. Traurigerweise sind einige Hundebesitzer ganz einfach nicht in der Lage, ihren Hund zu erziehen.

Diese Rasse ist nichts für ignorante, sture Menschen, die sich nicht positiv einstellen können. Rottweiler-Besitzer müssen in der Lage sein, in positiver Art zu reagieren, ihre Erziehungsmethoden zu beherrschen, die immer freundlich, gleichzeitig fair und bestimmt sein müssen. Rottweiler-Besitzer müssen hart genug sein, um notfalls auch einen Hund zu bestrafen, auf schnelle, aber wirksame Art. Genauso schnell müssen sie aber auch mit Belohnung und Liebe reagieren, wenn sich ihr Hund richtig verhält. Der Hund darf niemals Zweifel haben, ob er sich richtig verhält.

Schlechte Zucht – vernachlässigte Rottweiler
Aufgrund einer Nachfragesteigerung nach Rottweilern in jüngster Zeit wurden viele Rottweiler von untypischen, nicht einmal auf Hüftdysplasie untersuchten Elterntieren mit schlechtem Wesen gezüchtet; Ursache waren in erster Linie Geldgier und Ignoranz. Viele Menschen sind leichtfertig, wenn sie Hunde züchten, sie verkaufen ihre Welpen an jedermann. Wenn dann später diese Jungtiere wiederum zur Zucht verwendet werden, wieder nicht geröntgt, oft vom „Fred" auf der anderen Straßenseite gedeckt, der seinerseits nicht geröntgt ist, von dem man aber sagt, er sei ein „hübscher, großer Hund", als wäre große körperliche Gestalt ein Rassemerkmal. Tatsächlich sterben übergroße Rottweiler früher, gehen aus verschiedenen Gründen leichter lahm, sind oft zu langsam für echte Arbeit mit dem Hund. So entstanden in England in nur wenigen Generationen ganze Würfe potentieller Krüppel, die nur entfernt Rottweilern ähnlich sehen, die auf die Mitleidstour verkauft wurden und im ganzen Land in Tierheimen endeten. Ich sehe überhaupt nichts Positives daran, daß in England 1986 über 8000 Rottweiler (1987 über 9000) eingetragen wurden, oder daß alleine im Dezember 1986 in den USA über 2400 Rottweiler zum Zuchtbuch angemeldet wurden (BRD etwa 2500, DDR 600/Jahr).

Wer einen Rottweiler kaufen möchte, sollte dieses Kapitel sofort nochmals lesen, auch das nächste Kapitel, ehe er sich ehrlich entscheidet, ob dies der richtige Hund für ihn ist. Lautet die Entscheidung »Ja«, hoffe ich, daß der neue Rottweiler-Freund sorgsam auswählt, seinen Hund liebevoll aufzieht, gründlich erzieht und wirklich liebt, dann wird er eine der für ihn lohnendsten Erfahrungen mit einem Hund machen, die es überhaupt gibt.

Kapitel eins

RASSE-GESCHICHTE

Die Entstehung der Rasse
Rottweiler-Legenden
Der Allgemeine Deutsche Rottweiler Klub (ADRK)

DIE ENTSTEHUNG DER RASSE

Die ersten Anfänge des Rottweilers reichen bis zurück in die Zeiten der Römer. Als die großen römischen Legionen auf ihren Kriegszügen über große Distanzen unterwegs waren, hatten sie keine Kühlfahrzeuge, auch keine Büchsen mit Rindfleisch, sie führten ihre Vorräte auf den Hufen lebend mit. Man brauchte zum Treiben der Herden robuste, kräftige Hunde. Ein Hund, recht ähnlich dem heutigen Rottweiler, wurde eingesetzt. Möglicherweise waren diese Hunde nicht alle schwarzlohfarben, hatten nicht den modernen Standardtyp, aber unsere heutigen Hunde tragen das Erbe dieser zähen und tapferen Vorfahren. Diese Hunde mußten tapfer sein, sie hatten es mit Rindern zu tun, die wahrscheinlich nicht so friedlich waren wie die heutige Durchschnittsmilchkuh. Die Herden mußten auch gegen hungrige Wölfe oder Viehdiebe verteidigt werden. Die Kriegszüge gingen über schwierige Straßen quer über Gebirge und Flüsse, die Tiere waren Hitze wie bitterer Kälte ausgesetzt, alles mußten sie meistern. Und am Ziel dieser Feldzüge hatten die Hunde gar ihre Herren noch mit großem Mut in der Schlacht zu verteidigen.

In jenen alten Tagen heilten entweder Wunden, oder der Krieger und sein Hund mußten sterben. Es gab keine Medikamente, keine Krankenhäuser, so mußten sie wirklich zäh sein, um zu überleben. Manchmal ließ man kleine Meuten dieser Hunde unterwegs zurück, so auch in einer kleinen Stadt namens Rottweil im Südwesten Deutschlands, wo damals eine römische Garnison lag. Diese Hunde wurden als örtliche Treiberhundrasse recht populär. An den Ufern des Flusses Neckar gelegen war Rottweil eine Marktstadt, zu der Bauern ringsrum ihre Tiere zum Verkauf trieben, ihre Hunde nahmen ihnen dabei als Viehtreiber gut die Hälfte der Arbeit ab.

Da gibt es hübsche kleine Geschichten von Bauern, die aufgrund der guten Geschäfte einige Gläser zuviel geleert, aber zuvor noch ihre Geldbörsen ihren Rottweilern um den Hals gebunden hatten, um die Tageseinnahmen zu sichern. Ob diese Geschichten wahr oder gut erfunden sind, werden wir nie genau wissen, sie gingen aber landauf und landab.

Mit dem Bau der Eisenbahnen verlagerte sich der Viehtransport immer mehr zur Bahn, und das Viehtreiben auf der Straße über lange Entfernungen wurde

Oben: *Ralph v. Neckar, 1907. Man beachte den langen Rücken und Fang, die fehlende Substanz, Schulterlage und langen Hals.*

Unten Mitte: *Jack v. Schifferstadt. Dieser Hund zeigt bereits mehr Substanz, kräftigeren Schädel und feste obere Linie.*

gesetzlich verboten, der Rottweiler war arbeitslos geworden. Einige nutzten ihn als Zughund vor kleinen Karren, aber ihre Hauptaufgabe war den Hunden entzogen. Über längere Zeit wurden diese Hunde – vielfach Metzgerhunde genannt – nicht beachtet, es wurden immer weniger, 1905 war nur noch eine einzige Hündin in Rottweil selbst übriggeblieben, aber in anderen Dörfern und Städten hatte die Rasse überlebt. Mit der Gründung des ersten Rassezuchtclubs 1899 verbesserten sich ihre Chancen, dieser erste Club wurde »Internationaler Club für Leonberger und Rottweiler Hunde« genannt. Leider hatte diese Vereinsgründung nur eine kurze Lebensdauer, erst 1907 fand die Rasse schließlich ihre eigene Zuchtorganisation, in Heidelberg wurde am 13. Januar 1907 der »Deutsche Rottweiler Club« gegründet. Dies war der erste Club, der die Rottweilerzucht systematisch aufbaute. Drei Jahres später, nämlich 1910 wurde der Rottweiler als vierte Polizeihundrasse offiziell anerkannt, durfte von Polizei und Armee als Gebrauchshund eingesetzt werden. Und von diesem Zeitpunkt an ging es mit großen Schritten in der Zucht vorwärts.

Unten links: *Sieglinde v. d. Steinlach, eine Hündin mit kräftigem Kopf und guter oberer Linie.*

Oben: *Leo v. Cannstatt. Man achte, wie sich der Kopf verbessert und auch ein guter Körperbau durchsetzt.*

Unten: *Internationaler Champion Hexe v. Märchenwald, 1977, Wurfschwester von Champions in England und USA.*

ROTTWEILERLEGENDEN

Es gibt eine Geschichte aus der Zeit von Kaiser Wilhelm I über einen Polizisten und seinen Rottweiler in Kiel. Dieses Paar wurde auf den Weg geschickt, um einen Streit in einer Kneipe zu schlichten, wo eine große Anzahl von betrunkenen Seeleuten bei ihrem Stadtbummel randalierten. Der Polizist mit seinem Hund kam herein, stelle den Frieden wieder her, nahm mehrere Betrunkene fest und begleitete mit seinem Rottweiler die Arrestierten in das Gefängnis. Als der Kaiser über diesen Vorfall unterrichtet wurde, drückte er seinen Wunsch aus, den Polizisten mit seinem Rottweiler zu empfan-

gen. Ehe der Kaiser seinem Beamten die Hand schütteln konnte, mußte zuerst der Polizist den Helm abnehmen; dies war für seinen Rottweiler das Signal, daß er »außer Dienst« war, jetzt konnte ihn jedermann berühren.

Die erstklassigen Diensthundeigenschaften dieser Rasse machten sie auch zu einem sehr guten Kriegshund, insbesondere für Patrouillengänge in Bereichen, auf denen es auf absolute Stille ankam. Einige Hunderassen werden beim Ausführen erregt, winseln und bellen, – nicht der Rottweiler; dieser Hund geht in aller Ruhe seinen Aufgaben nach, macht wenig Umstände; ebenso befaßt er sich mit Übeltätern, kraftvoll und effektiv! Ich sprach einmal mit einem Mann, der auf einer Patrouille im letzten Krieg von einem Rottweiler »festgenommen« wurde. Der Mann wollte unbedingt fliehen, stach auf den Hund mit einem Messer ein, aber der Hund ließ nicht los; obwohl beide stark bluteten, ließ der Hund nicht ab, bis sein Führer kam und »Aus!« rief. Jetzt erst lokkerte der Hund seinen Biß und ließ seinen Führer den Mann festnehmen.

Ich sah selbst die Narben auf dem Arm des Mannes, der mir diese Geschichte erzählte, für ihn muß es ein schreckliches Erlebnis gewesen sein, aber das Merkwürdigste daran war, daß zu Füßen des Mannes, der mir die Geschichte erzählte, ein – großer Rottweiler-Rüde saß. Da er von dem Hund, der ihn festgenommen hatte, so beeindruckt war, kaufte er Jahre später selbst einen Rottweiler. Die Tatsache, daß aus einem wütenden Gegner innerhalb von einer Minute ein ruhiger, gehorsamer Hund wurde, hatte ihn nachhaltig beeindruckt; selbst der damals schwer verwundete Rottweiler hatte keine Sekunde gezögert, seinem Führer zu gehorchen.

DER ALLGEMEINE DEUTSCHE ROTTWEILER KLUB (ADRK)

In den frühen 20er Jahren entstand der Allgemeine Deutsche Rottweiler Klub (ADRK) durch Zusammenschluß mehrerer rivalisierender Vereine. Diese Organisation hat sehr viel dazu beigetragen, daß aus dem Rottweiler ein erstklassiger Hund von gutem Wesen, Schneid, Gesundheit und korrekter Gestalt wurde. Strenge Vereinsregeln sorgten dafür, daß Züchter wie Rottweiler-Besitzer auf Qualität achteten; Röntgenuntersuchungen auf Hüftgelenkdysplasie, harte Arbeitsprüfungen, Zuchtzulassungsprüfungen und

vieles mehr führten dazu, daß nur mit den besten Hunden gezüchtet wurde; dieser Zuchtverein erreichte mehr als viele andere Zuchtvereine.

Ich bin davon überzeugt, daß es hohe Zeit ist, die strengen Vorschriften des ADRK weltweit für die Rasse anzuwenden. Wenn Züchter vor der Zucht erst nachweisen müßten, daß ihre Hunde HD-frei sind, Mut und Schneid besitzen, Arbeitsleistungen vollbringen und über gute Anatomie verfügen, dann wäre sichergestellt, daß der Rottweiler nie zu einer schwarzlohfarbenen Karikatur von dem wird, was einmal der beste Hund der Welt war.

Wir alle sind dafür verantwortlich, daß gesichert wird, daß auch noch unsere En-

Oben: *Rintelna the Bombadier, Companion Dog Excellent (CDEX), Utility Dog Excellent (UDEX) Vater von Panzer, dem ersten Rottweiler der Autorin.*

kel und deren Kinder in dem Rottweiler einen so guten Hund finden, wie er in der Vergangenheit immer war; sicherlich nicht »durch übertriebene Standardgesichtspunkte verbessert«, aber frei von jeglichen schmerzhaften Erbkrankheiten, wesensfest, sicher. Der Rassecharakter der Ruhe, Tapferkeit und Arbeitsfähigkeit muß erhalten bleiben, ebenso die äußere Erscheinung eines kräftigen, gesunden und echten Rottweilers.

Hier möchte ich ein wundervolles Zitat der Gräfin Aga von Hagen anschließen, die in einem 1935 geschriebenen Buch den Rottweiler charkterisiert: »Er unterscheidet scharf zwischen Dienst und außer Dienst. Der gefährliche Verteidiger wird zum Lamm im Privatleben, . . . Der Rottweiler soll kein Elegant sein. Den Adel der Kraft soll er haben, Frohsinn des Selbstbewußtseins besitzt er und tiefes Gemüt.«

Dieses Zitat faßt die für diese Hunderasse charakterisitschen Wesensmerkmale zusammen.

Kapitel zwei

DER JUNGE ROTTWEILER

Welpenauswahl
Körperbau
Gesundheitskontrolle
Im neuen Heim
Ungehorsam und Strafe
Sozialisation
Haus und Garten

WELPENAUSWAHL

Hat man sich zum Kauf eines Rottweilers entschlossen, wie wählt man denjenigen aus, von dem man seinen Junghund kaufen sollte? In den meisten Ländern gibt es periodisch erscheinende Hundezeitschriften mit Zwingeranzeigen. Es gibt auch Rottweiler-Clubs, bei denen man Informationen über die Rasse und eine Züchterliste anfordern kann. Man erhält die Anschriften der meisten Clubs durch die nationale Hundezuchtorganisation, eine Reihe von Adressen sind im Anhang dieses Buches aufgeführt.

Es ist unbedingt notwendig, bei der Auswahl des Züchters sorgfältig vorzugehen. Worauf muß man achten, wenn man beim Züchter einen ersten Besuch macht, einen Welpen kaufen möchte?

a) Man achte insbesondere darauf, ob der Züchter auch selbst jeden Käufer sorgfältig prüft. Stellt er seinerseits die wichtigen Fragen, tut er alles um sicherzustellen, daß der Käufer sich für einen Rottweiler eignet?

b) Ist der Züchter bereit, alle offiziellen Hüftgelenksuntersuchungsergebnisse der Elterntiere und anderer verwandter Hunde offenzulegen?

c) Bietet der Züchter auch Hilfe nach dem Verkauf, steht er mit Rat und Tat zur Seite, wenn bei der Aufzucht des Welpen beim Käufer Aufzucht- oder Erziehungsprobleme auftreten?

d) Wie benehmen sich die Hunde dem Züchter gegenüber? Sind sie gehorsam, vernünftig, repräsentieren sie die Art von Hunden, die man selbst gerne möchte?

e) Wie ist der allgemeine Eindruck? Sind die Hunde gut untergebracht, gut gefüttert, fröhlich und voller Selbstvertrauen? Interessiert sich der Züchter echt für den Käufer, für seine Probleme, wirkt er vertrauenerweckend? Hat man den Eindruck, daß man bei Bedarf Hilfe und gu-

Oben: *Ein Wurf mit kleinen Welpen wirkt auf viele unwiderstehlich, vor dem Kauf sollte man aber immmer die richtigen Fragen stellen.*

Unten: *Beispiel einer zweckgerechten Zwingeranlage mit leicht erreichbarem Feuerlöscher.*

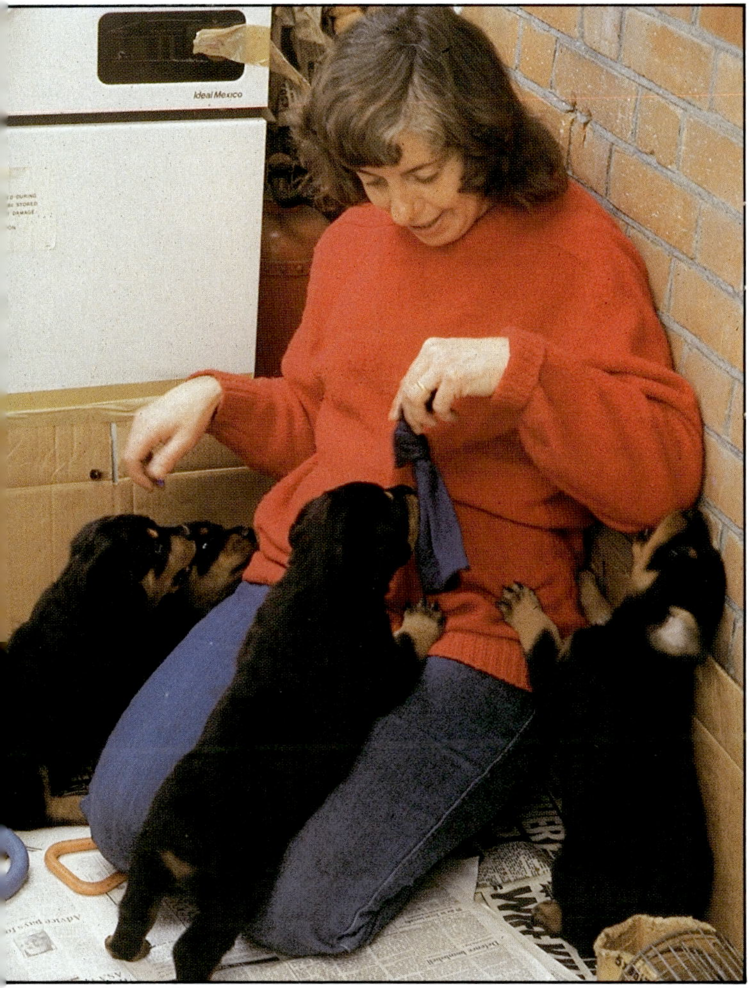

ten Rat beim Züchter finden wird?

Lautet die Antwort zu allen vorstehenden Fragen »Ja«, dann sollte man sich die Welpen gut ansehen (vorausgestezt natürlich, daß auch der Züchter dem Käufer vertraut). Betrachtet man kleine Rottweiler, kann man sich nicht immer nach der alten Züchterregel richten, den Welpen auszuwählen, der als erster auf einen zukommt; die meisten Rottweiler-Welpen springen auf Fremde voller Begeisterung zu, benagen die Schuhbänder und kauen an den Hosenbeinen!

KÖRPERBAU

Möchte man sich einen Welpen kaufen, den man später auch ausstellen kann, sollte man immer ein Tier auswählen, das dem Rassestandard (vergleiche Seite 100) so nahe als möglich kommt.

Im allgemeinen sollte man auf breiten Kopf und guten Stop achten, kleine, hoch angesetzte Ohren, dunkle mandelförmige Augen, Scherengebiß (dabei überlappen die oberen Schneidezähne schleifend die unteren).

Der Körper sollte weder zu lang noch zu kurz wirken, man achte auf großen, geräumigen Rippenkorb, starke, gerade

Oben: *Spielzeiten kann man immer dazu nutzen, eine enge Bindung zum Welpen aufzubauen, hierbei lernen sie erste einfache Worte zu verstehen.*

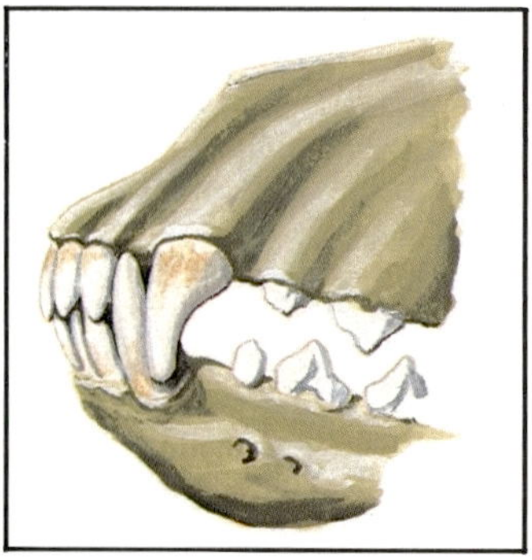

Oben: *Man achte auf ein korrektes Scherengebiß; dabei greifen die oberen Schneidezähne schleifend über die unteren.*

Vorderläufe, bei denen die Pfoten weder nach innen noch nach außen drehen. Die Pfoten sollten gut aufgeknöchelt sein, nicht gespreizt oder durchgetreten. Der Rücken muß gerade sein, dabei darf der Bereich nahe der Schwanzwurzel – die Kruppe – nicht so stark abfallen wie zum Beispiel beim Deutschen Schäferhund.

Von hinten betrachtet sollten die Hinterläufe nicht kuhhessig erscheinen. Man muß den Welpen auch in der Bewegung beobachten. Ist die Bewegung frei und raumgreifend? Ein erfahrener Hundekäufer tastet auch die Skelettstruktur ab, zum Beispiel Lage des Schulterblattes, aber auch der Anfänger sollte sich einen Welpen von der Seite betrachten. Geht der Hals fließend in die Körperform über oder wirkt der Kopf aufgesetzt?

Ein Welpe mit richtig gelagerter Schulter zeigt einen nahtlosen Übergang zwischen Hals und Körper, ein Junghund mit richtigen Schultern hat in der Regel auch eine gut gewinkelte Hinterhand.

Bei Rottweilern sollte man nicht auf übertriebene Winkelung achten, keinesfalls aber Welpen auswählen, deren Hinterläufe kerzengerade und dünn sind, denen es an Kraft fehlt. Die Hinterhand ist der »Motor«, sie bringt den Schub nach vorn. Hat ein Hund keine gute Hinterhand, fehlt es ihm an der Voraussetzung für gute Arbeit.

Ist der Welpe ringsum ansprechend? Möchte man sein Jungtier ausstellen,

Rechts: *Man betrachte den Welpen von hinten, achte darauf, daß er nicht kuhhessig ist (dabei sind die Sprunggelenke, wie hier gezeigt, nach innen gerichtet).*

sollte man den Rassestandard wirklich auswendig kennen. Es wäre auch kein Fehler, wenn man zuvor einige Hundeausstellungen besucht hätte, um »ein Auge dafür zu bekommen«.

Für denjenigen, der gerne einen Hund für die Arbeit haben möchte, würde ich einen kräftigen Welpen voll Selbstbewußtsein wählen. Meine eigene Priorität bei der Auswahl eines Arbeitshundes ist, Welpen mit etwas längerem Rücken zu nehmen, denn diese können später besser springen, bringen mehr an Beweglichkeit mit. Ich würde mir auch die Elterntiere bei der Arbeit ansehen, denn ich bin davon überzeugt, daß Arbeitsfreude erblich ist.

Die allermeisten Käufer möchten einen Familien- und Wachhund, interessieren sich weder für Zucht, Arbeitsprüfungen noch Ausstellungen, sind deshalb durchaus auch bereit, kleinere Fehler hinzunehmen. Für sie ist ein Jungtier mit ein paar weißen Haaren auf der Brust ebenso gut wie eines ohne weiße Haare, sie bemerken in aller Regel überhaupt nicht, wenn ihr Jungtier ein etwas helleres Auge hat als erwünscht. Ich habe sogar erlebt, daß einige Käufer einen Rottweiler mit längerem Haarkleid wünschen, ja sogar bereit sind, auf einen solchen Junghund zu warten. Rottweiler mit längeren Haaren sind recht hübsch, aber für Zucht oder Ausstellung tabu. Im allgemeinen bezahlt man für einen Hund, der keine Ausstellungschancen hat, etwas weniger; einige Züchter treffen sogar Vereinbarungen, wonach solche Welpen keinesfalls später für die Zucht Verwendung finden sollen, grundsätzlich eine gute Idee, denn dadurch wird leichtsinniges Züchten unterbunden.

Ist man jedoch der Meinung, daß man später eventuell doch gerne einmal züch-

Oben: *Man prüfe den Welpen ringsum auf Anzeichen von Ungezieferbefall, von Läusen, die wie Sandkörner aussehen, und Flöhen.*

ten möchte, sollte man sich ein wirklich gutes Jungtier auswählen, hierfür den korrekten Preis bezahlen. Man halte sich immer vor Augen, daß wir alle die Rasse verbessern möchten, keinen Abfall der Qualität wünschen. Rottweiler haben schon Probleme genug durch gewissenlose Leute, die mit armseligen Tieren Welpen vermehren.

GESUNDHEITSKONTROLLE

Welpen sollte man immer auf Flöhe, Läuse und andere Parasiten kontrollieren. Läuse sehen wie kleine Sandkörner aus, fühlen sich an wie kleine Schorfpartikel. Auf dem schwarzen Fell lassen sich Flöhe schwer erkennen, man muß auf grauschwarze Bißstellen oder die Flöhe selbst achten. Immer sollten die Ohren sauber sein, ohne Anzeichen von Ohrmilbenbefall (braune, schmierige Ohrsekretion). Man prüft die Augen, achtet dabei auf Anzeichen nach innen gedrehter Augenlider (eine Erscheinung, Entropium genannt, welche für den Hund sehr unangenehm ist, in der Regel eine spätere Operation erforderlich macht). Die vorderen Wolfsklauen können belassen werden, die hinteren aber sollten entfernt worden sein.

Man kontrolliert den Welpenbauch; dieser sollte sauber und frei von Kratzern oder Bläschen sein, auch darf keinesfalls aus den Genitalien Ausfluß austreten. Bei Rüdenwelpen prüft man zart, ob beide Hoden vorhanden sind; bei sehr jungen Welpen läßt sich dies gar nicht leicht feststellen. Man prüfe den Nabelbereich, eine Ausbeulung hier bedeutet einen Nabelbruch. Beim Heranwachsen des Welpen verschwinden einige, andere aber müssen

Unten: *Bei der Überprüfung des Welpen achte man auch im Ohrinnern auf Ohrmilben.*

Ganz unten: *Man achte auf einen breiten Kopf mit ausgeprägtem Stop. Die Ohren sollten klein und hoch angesetzt sein, die Augen mandelförmig und dunkel.*

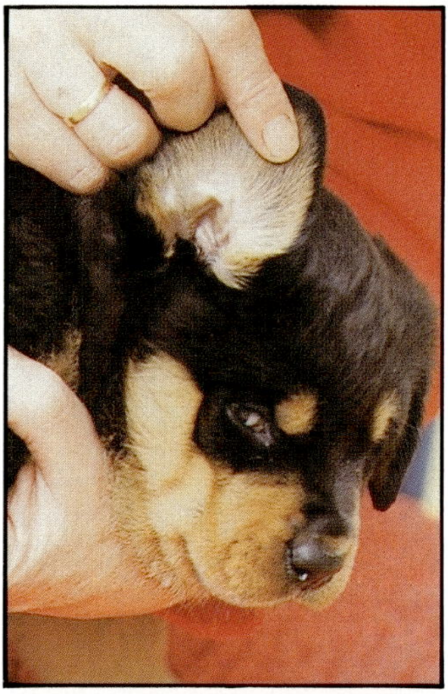

Oben: *Man prüft die Bauchseite des Welpen auf Nabelbruch und Genitalausfluß.*

später operiert werden. Man erkundige sich, wann der Welpe entwurmt wurde, nach dem Namen des verwandten Medikamentes – später könnte erneut Wurmbefall auftreten, was eine Wiederholungskur erforderlich macht.

IM NEUEN HEIM

Vom Züchter sollte man sich immer einen Futterplan mitgeben lassen, einige Züchter geben sogar etwas Futter mit, an welches der Welpe gewöhnt ist. Der Zweck ist, daß es durch Futterwechsel, Wechsel der Heimat und die Einflüsse der Reise nicht zu Durchfall kommen sollte.

Meist ist die erste Nacht etwas geräuschvoll. Man räumt dem Welpen mit einem festen Pappkarton einen warmen Schlafplatz ein. Dies ist billig, zugfrei und, wenn der Karton zerkaut wird, ungefährlich. Man achte aber darauf, daß der Karton nicht geklammert ist. Nie sollte man sich verleiten lassen, den Welpen in der ersten Nacht zu trösten, sonst wird er immer wieder jammern und heulen. Man lasse den Welpen nicht im Bett schlafen – mit acht Wochen könnte dies noch eine gute Idee sein, aber nach einem weiteren Jahr und zusätzlichen 45 Kilo könnte ein Rottweiler im Bett schwere Beinkrämpfe verursachen.

Ich selber bevorzuge entschieden die Aufzucht eines Junghundes im Haus, wenn der Hund sich bis zum Erwachsensein voll entwickeln soll; gerade das tagtägliche Zusammenleben lehrt den Welpen so vieles, ohne daß man es überhaupt bemerkt. Lebt der Junghund die ganze Zeit mit einem, lehrt man ihn laufend die Regeln des Lebens.

Möchte man später einen Zwinger und einen Außenauslauf, muß er sorgfältig gebaut und ausgestattet sein, alle vorstehenden Ecken werden nur zu gerne bekaut. Ein mit Abstand vom Boden gebauter Holzboden erweist sich gegenüber einem Betonboden als wärmer, man braucht auch ein kräftiges, kaufestes Lager. Für alle Ecken, die bekaut werden könnten, empfiehlt sich eine Metallabdeckung. Gute Erfahrungen habe ich mit Sägemehl auf dem Boden gemacht, aber man kann natürlich auch alte Zeitungen wählen. Allerdings weiß ich, daß diese leicht feucht werden, sich auflösen, dadurch wird die Reinigung zu einem ziemlich unangenehmen Geschäft.

Der Auslaufboden kann voll aus Beton sein, oder man baut einen Betonumlauf mit einem Mittelteil aus grobem Kies. In der Regel sollte man eine Tiefe von etwa 30 cm ausgraben, die Fläche mit grobem Kies auffüllen; diese Einlage ist sauber und leicht zu desinfizieren. Einige Leute benutzen Holzschwarten, kommen aber Exkremente zwischen die Bretter, ist dies wenig hygienisch. Richtige Drainage ist wichtig; das Wasser muß seinen Ablauf haben, wenn man den Auslauf ausspritzt, deshalb muß dies bei der Planung berücksichtigt werden. Es ist besonders wichtig, daß der im Haus gehaltene Junghund die Möglichkeit hat, nach draußen zu kommen, wegen der Stubenreinheit wie auch zum Spiel in frischer Luft und Sonne – zwei sehr wichtige Dinge. Es gibt für heranwachsende, gesunde Welpen nichts besseres als etwas Sonne auf dem Rücken.

Wichtig ist das Spiel mit dem Junghund. Es gibt viele Hundespielsachen auf dem Markt, man kann sich aber auch leicht selbst Spielsachen machen, etwa aus einem alten Jeanshosenbein, das man zusammenknotet. Damit bekommt man ein besonders gutes Gerät für das Seilziehspiel, es ist praktisch, billig und kann dem Welpen nicht schaden. Man kann es zum Apportieren werfen und danach Seilziehen üben. Findet man ein Stück Hartholz, ist dies ein gutes Kauspielzeug, weil es nur wenig angekaut werden kann. Hierfür fanden wir einen alten Hartholzzylinder, der zuvor als Roller in einer Maschine arbeitete. Dieser Zylinder hat 11 Generationen Welpen überlebt und ist immer noch in Ordnung. Niemals sollte man dem Junghund einen alten Schlappen oder Schuh geben, man bedenke, alte Schuhe riechen und sehen genau so aus wie neue, die Konsequenzen sind voraussehbar. Für ausgewachsene Rottweiler sollte man auch nie Tennisbälle verwenden, diese könnten tief im Hals stecken bleiben, zum Ersticken führen; man sollte stets extra große, feste Gummihundebälle kaufen, diese sind viel sicherer. Unsere erwachsenen Hunde lieben das Spiel mit alten Reifen – einen Reifen banden wir an einen alten Apfelbaum, die Hunde haben ihr größtes Vergnügen daran, zu springen, sich festzubeißen und zu schaukeln. Sie lieben auch das Spiel mit Reifen auf dem Boden.

Möchte der Junghund schlafen, muß er unbedingt seine Ruhe haben. Rechtzeitig sollte man den Kindern beibringen, daß das Hundebett »heilig ist«, schlafende Hunde nie gestört werden dürfen; hat der Junghund dann genug vom Spiel, weiß er, daß sein Schlafplatz seine sichere Zuflucht ist.

Kommen Besucher, sollte man dem Welpen nicht erlauben, an ihren Kleidern zu zerren, ein strenges »Nein!«, notfalls begleitet von einem leichten Klaps, stoppt die meisten Junghunde. Es ist überhaupt keine gute Idee, dem Junghund zu erlauben, Besucher als Beißspielzeug zu mißbrauchen. Es sind meist Männer, die es lieben, aus welchem Grund auch immer, mit jungen Hunden kräftige Ringspiele zu veranstalten. Ich glaube, dies ist keine gute Idee, denn gewinnt der Junghund, könnte er auf die Idee kommen, daß er seinen Herrn besiegen kann – keine gute

Unten: *Seilziehen macht Besitzer und Junghund viel Freude. Man achte darauf, daß am Ende des Spiels der Junghund bereit ist, den Gegenstand abzugeben.*

Voraussetzung für die Erziehung eines Junghundes – oder, gewinnt der Besitzer immer, verletzt er das Selbstvertrauen des Junghundes, könnte ihn sogar seelisch schädigen. Viel besser ist ein tüchtiges Seilziehspiel, Werfen und Apportieren von Spielsachen und so weiter, denn dies gibt Kondition und bereitet zumindest ebenso viel Spaß.

Unten: *Ein Stück Hartholz, ein großer Hundeball, ein Hosenbein alter Jeans und ein Knochen sind sicheres Spielzeug.*

Ganz unten: *Ein alter Reifen kann über Stunden Hunden viel Vergnügen und gesundes Training bringen.*

UNGEHORSAM UND STRAFE

Muß man einen jungen Hund zurechtweisen, packt man ihn an der Halskrause, schüttelt ihn und tadelt ihn mit ärgerlicher Stimme – das ist genau die Art, wie auch die Hundemutter einen Welpen zurechtweist. Wenn man einmal beobachtet hat, wie hart eine gute Mutter ihre Welpen zurechtweist, sorgt man sich nicht, auch einmal selbst hart zu sein. Entschließt sich der Junghund Widerstand zu leisten, wiederholt man die Zurechtweisung noch etwas strenger, bis der Junghund nachgibt, dann kehrt man selbst sofort zum Normalverhalten zurück. Die

Regeln lauten: Muß man einen Hund strafen, muß die Strafe der bösen Tat sofort folgen, sie muß hart sein, begleitet von ärgerlicher Stimme; aber auch das Vergeben muß schnell folgen – man darf nie, nie nachtragen!

Füttert man den Junghund, muß man ihm beibringen, daß man auch während des Fressens jederzeit die Schüssel wegnehmen darf – es gibt nichts Schlimmeres als einen ausgewachsenen Rottweiler, der Futterschüssel, Knochen oder Spielzeuge gegen seinen Besitzer verteidigt.

Alle Erziehung beginnt möglichst früh; man stellt dem Junghund seine Futterschüssel hin, dann gibt man manchmal einige Extrabissen nach und nimmt ein anderes Mal die Schüssel weg. Dadurch lernt der Junghund, sich jederzeit die Futterschüssel wegnehmen zu lassen, daß eine sich nähernde Hand zusätzliche Lekkerbissen bedeuten kann. Knurrt der Hund, wird er zurechtgewiesen, mit einem Klaps oder einem Durchschütteln – hört er mit dem Knurren auf, sagt man ihm, was für ein lieber Hund er ist, gibt einige zusätzliche Leckerbissen in das Futter.

Unten: *Schon in früher Jugend lehrt man den Junghund, daß man jederzeit die Futterschüssel wegnehmen darf.*

Ganz unten: *Max »übergibt« seinen Knochen. Man sorge immer dafür, daß Erwachsene anwesend sind, wenn Kinder sich derart mit Hunden befassen.*

Oben: *Das zusammengeknotete Bein einer alten Jeans ist ein erstklassiges Spielzeug zum Seilziehen.*

Das Gleiche gilt grundsätzlich für Spielzeug. Man lehrt den Junghund, daß er auf »Aus!« das Spielzeug abgeben muß. Tut er es, folgt ein kleines Spiel mit einer Extrabelohnung. Lob und Strafe sind Schlüsselerlebnisse, beides muß immer fair verteilt werden, nie darf man einen Junghund aus Ärger strafen, man verliert dabei die Kontrolle über sich selbst, das ist nie gut. Muß man einmal strafen, erfolgt die Strafe schnell.

Ein kurzer Schlag und eine wirklich zornige Stimme, gefolgt von sofortigem Wiedergutsein, ist besser als kleine, dumme Schläge, Nachtragen oder – das Schlimmste – hartes Durchhauen.

Wird ein Hund richtig aufgezogen, sollte es eigentlich nie notwendig sein, ihn ernsthaft zu schlagen. Nur sehr selten muß ich meine eigenen Hunde schlagen, denn sie fürchten meine ärgerliche Stimme, sie wissen, daß ich sie wirklich bestrafe, wenn ich muß.

So brauche ich tatsächlich meine Hunde fast nie zu strafen, denn sie alle respektieren und lieben mich. Die Furcht davor, was ich tun könnte, ist größer als daß die Hunde meine tatsächlichen Grenzen wüßten! Hartes Prügeln zeigt dem Hund nur, wie stark die Strafe sein kann, macht zuweilen sogar den Hund noch härter in der Erziehung. Rottweiler machen sich nicht allzu viel aus körperlichem Schmerz, man kann aber ihre Herzen leicht brechen, ihre Liebe und ihr Vertrauen verlieren. Es ist viel besser, den leichteren Weg zu wählen, ihre Liebe und ihren Respekt von Jugend an zu erhalten.

Man kann tatsächlich einen Hund lehren zurückzubeißen, indem man ihn durch Prügeln straft. Man bedenke genau: Ist der Schmerz groß, muß er nahezu zwangsläufig – um sich selbst zu schützen – zurückbeißen, um dem Prügeln ein Ende zu bereiten. Deshaslb sollte man immer daran denken: Ein harter Schlag ist immer besser als Durchhauen. Macht man dies von Jugend an richtig, hat man zum Schluß einen Hund, der nur noch mit Worten zurechtgewiesen werden braucht.

Man sollte immer erneut versuchen, sich in seinen Hund hineinzudenken. Dabei muß man sich das Leben vom Gesichtspunkt des Junghundes aus vorstellen, dabei berücksichtigen, daß das Denkvermögen eines Hundes einfach ist, in keiner Weise menschliche Gedankengänge fassen kann. Nur wenn man »wie ein Hund denken kann«, versteht man seinen Hund besser.

Ein Hund ist ein Meutetier, er braucht seinen Menschen als guten »Meuteführer«. Man muß ihm die Regeln des Zusammenlebens auf einfache Art beibringen, kein hundlicher Meuteführer würde einem Meutemitglied erlauben, daß dies ihm die Stirn bietet, vor ihm durch eine

Unten: *Wird eine Tür geöffnet, sollte der Hund geduldig warten, Hinausstürmen ist immer gefährlich.*

Tür geht oder gar irgendeine Aggression zeigt.

Wer gegen solche Rudelgesetze verstößt, würde recht schnell überrannt, hart gebissen, damit er wieder weiß, wo sein Platz ist.

Wir erwarten von unseren Hunden, daß sie nach unseren Gesetzen leben, aber wir selbst müssen versuchen, ihre von ihren Vorfahren ererbten Gesetze auch zu verstehen. Hunde sind auch heute von primitiven Instinkten geleitet. So wird beispielsweise ein schwerverletztes und laut schreiendes Rudelmitglied

Oben: *Der Hund ist ein Meutetier, gehorcht auch noch heute einfachen Gesetzen der Dominanz und des Überlebens innerhalb der Gruppe, in der er lebt.*

vom Rudel getötet; das Überleben der Besten ist das Gesetz. Es klingt hart für uns, aber dies ist ein freundlicheres Verhalten gegenüber dem Verletzten als diesen langsam über viele Tage dahinsterben zu lassen. Das sich immer wieder Umdrehen eines Hundes, um sich sein Lager zu bereiten, ist das Gleiche wie das Gras Zurechttreten eines Wildhundes. Das Vergraben eines Knochens bedeutet Vorratshaltung, das ständige Urinieren der Rüden steckt das Territorium ab; all dies ist Teil des uralten Erbes.

FUTTERPLAN

Vom Züchter erhält man einen Futterplan, an den man sich so weit als möglich halten sollte. Es gibt Dutzende von Arten, einen Hund gut zu füttern, man muß aber immer wissen, der Hund braucht ausgewogene Ernährung. Nachstehender Futterplan ist mein eigener, er hat sich über eine Periode von 25 Jahren und mehr immer wieder bewährt:

Erste Mahlzeit: Fertigfutter, gut in Welpenmilch eingeweicht.
Zweite Mahlzeit: Fertigfutter, mit guter Fleischbrühe angebrüht, dazu Fisch oder hartgekochte Eier.
Dritte Mahlzeit: Wie die erste.
Vierte Mahlzeit: Wie die zweite, aber mit Zusatz ½ Teelöffel Vitamin- und Mineralstoffmischung.
Mit drei Monaten: Drei Mahlzeiten täglich.
Mit sechs Monaten: Zwei Mahlzeiten täglich.
Ab einem Jahr: Eine Mahlzeit täglich.

Man sollte sich nie verleiten lassen, die Vitamingaben für den Junghund überzudosieren – man beschränke sich auf eine gute Vitaminmischung, die auch Kalzium, Phosphor und Vitamin D in korrekten Mengen enthalten muß. Man sollte nie mehrere Produkte verwenden, dies könnte zu ernsthaften Skelettwachstumsstörungen führen. Lebertran kann gefährlich sein – ein halber Teelöffel täglich ist in Ordnung, aber die meisten Leute denken, daß wenn ein halber Teelöffel gut ist, daß dann ein kräftiger Schluck noch viel besser sein müsse. Ich habe die Ergebnisse solch kräftiger Lebertrangaben gesehen; Junghunde mit krummen Läufen, ständigen Schmerzen. Man hüte sich davor!

Ein heranwachsender Rottweiler braucht eine Ernährung, die halb aus Protein, halb aus Kohlehydraten besteht. Die meisten Leute benutzen Komplettfutter, die alle einen ziemlich hohen Proteingehalt haben, deshalb braucht man für eine ausgewogene Ernährung nur wenig Protein zusätzlich zu geben. Solche Fertigfutter sind auch vitaminisiert. Um sicher zu sein, sollte man deshalb vorsichtshalber etwas weniger an Ergänzungsmineralstoff-Vitaminmischung geben als auf der Packung angewiesen.

Verwendet man Welpenmilch, vergewissere man sich, daß es eine gute Marke ist, einige Händler verkaufen Kälbermilch in einfachen Tüten als Welpenmilch; eine solche Ernährung würde ein Jungtier schwer schädigen (das heißt Durchfall auslösen).

Viele Hundehalter sind unsicher wegen der Menge der einzelnen Mahlzeit. Ich bleibe bei der Methode, die mein Vater schon an Bull Terriern ausprobiert hat – nämlich bei jeder Mahlzeit etwa das Volumen des Hundekopfs – und dies hat sich gut bewährt. Bei einem acht Wochen alten Junghund mit vier Mahlzeiten täglich ist der Kopf klein; ist der Junghund 12 Wochen alt, erhält er nur noch drei Mahlzeiten täglich, der Kopf ist größer geworden, so werden die Einzelmahlzeiten auch größer. Eine einfache, aber recht wirksame Methode.

Man sollte stets in einer schweren Schüssel frisches Wasser anbieten. Junghund lieben es, Wasserschüsseln aus irgendwelchen Gründen immer wieder umzuwerfen. der Boden wird dadurch sehr naß. Demgegenüber ist eine Steingutschüssel schwierig aufzunehmen, auch schwer, macht nicht so viel Spaß wie Plastik- oder Stahlschüsseln.

Junghunde sollte man schlank halten, nie fett werden lassen, wenn man einen erwachsenen Rottweiler haben möchte, der keine HD aufweist. Junge Knochen sollten nie Übergewicht tragen müssen, nur so können sie gerade und fest werden, deshalb keine Schokoladestücke, Kuchenreste oder anderen Unsinn. Nie sollte man einen Junghund fett machen, damit er Junghundklassen gewinnt; es ist viel besser, den Junghund schlank zu halten, später mit einem Hund mit gesunden Hüften die offene Klasse zu gewinnen. Ich war immer entsetzt, wenn ich beim Richten von Junghundklassen wandelnde Puddinge im Ring traf und habe dies auch nach dem Richten den Hundebesitzern immer sehr deutlich gesagt.

Oben rechts: *Ein großer, schmackhafter Knochen ist immer das Lieblingsspielzeug eines Junghundes. Er hilft, Hunde über Stunden gut beschäftigt zu halten.*

Rechts: *Junghunde sollte man nie überfüttern. Man muß wissen, daß Überfütterung, insbesondere zu viele Vitamine, zu schlechten Hüften und schwacher Gesundheit führen. Man sollte Junghunde immer schlank halten.*

SOZIALISATION

Bei der Aufzucht eines Junghundes ist die Sozialisation ein ganz wichtiger Faktor. Schon vom ersten Tag an sollte man einen Junghund im Auto mitnehmen, ihn aber nicht herauslassen, solange er nicht die notwendigen Schutzimpfungen hat. Man fährt einfach rund um das Viertel, so daß er ans Autofahren gewöhnt wird. Man besuche mit dem Junghund Freunde, gebe ihm so viel Kontakte als irgendwie möglich.

Hat der Junghund seinen vollen Impfschutz einschließlich Immunisation gegen Parvovirus und Tollwut, kann die echte Arbeit beginnen. Man nimmt ihn mit zur Schule, um die Kinder abzuholen, besucht die örtliche Kneipe oder Bar mit ihm, geht mit ihm die Hauptstraße auf und ab, so daß der Junghund an Verkehr, Leute und alle anderen Erscheinungen modernen Lebens gewöhnt wird. In diesem Altersstadium ist es – je nach Land – gar keine schlechte Idee, eine Haftpflichtversicherung, vielleicht auch eine Krankenversicherung abzuschließen – man könnte damit einiges Geld sparen.

Am besten beteiligt man sich an Übungsstunden eines örtlichen Hundevereins, geht täglich etwa 10 Minuten mit dem Junghund an der Leine durch den Park spazieren, so daß er auch andere Hunde trifft. Man sollte Junghunde nicht zu sehr im Spiel herumtollen lassen, sie könnten sich in diesem Alter leicht verletzen, überanstrengen; 10 Minuten sind anfänglich völlig genug. Es ist gefährlich, junge Rottweiler zu überanstrengen, denn sie brauchen alle Kalorien in erster Linie für ihr Wachstum, weniger für viel Bewegung. Das Wichtigste ist jedoch, daß zu viel Belastung auf weichen, wachsenden Knochen die Knochenstruktur schädigen kann. Zu Hause im Garten wird der Junghund spielen und sich dann schlafen legen. Das ist richtige, natürliche Bewegung, immer verbunden mit der Gelegenheit zum Ausruhen, wenn es nötig ist.

Unten: *Der Junghund muß immer so mit seiner Umwelt vertraut gemacht werden, daß er lernt, andere Tiere nicht zu belästigen.*

Oben: *Ein gut erzogener Hund kann in perfekter Harmonie mit einer Katze zusammenleben. Lehre den Junghund von Anfang an, daß er die Katze nicht belästigen darf.*

Viele Leute fragen, wann man einem Junghund ein Würgehalsband anlegen soll. Ich benutze ein leichtes Lederhalsband bis der Junghund wirklch an die Leine gewöhnt ist, einen Würger benutze ich nie, ehe der Junghund an der Leine zerrt, versucht, seinen Besitzer durch die Gegend zu ziehen. Es gibt keine festen Regeln, jeder Hund ist ein Individuum, aber in aller Regel brauche ich keine Würger, ehe ein Junghund sechs Monate alt ist, dann aber ist es wichtig, diesen richtig anzuwenden (vergleiche Seite 55). Hat man bei der Ankunft des Junghundes schon einen anderen Hund oder eine Katze im Haus, muß man dem älteren Hund erlauben, den Junghund anzuknurren, wenn er ihm lästig wird; man sollte auch nicht erwarten, daß der alteingesessene Hund das Jungtier direkt annimmt. Zunächst sind Junghunde für ältere Hunde immer eine Plage, das liegt an ihren nadelspitzen Zähnen und ihrem Spiel. Wird es zu schlimm, sollte man dem älteren Hund durchaus erlauben, den Junghund zu erziehen, der Besitzer arbeitet dabei als guter Schiedsrichter. Dem älteren Hund muß man deutlich sagen, daß er noch immer Nummer eins ist, sich viel mit ihm befassen. Und bald wird man feststellen, daß die Hunde gute Freunde werden.

Die Katze könnte sich bei der Ankunft eines Junghundes aus dem Haus verstoßen fühlen, deshalb muß man dem kleinen Rottweiler beibringen, daß er keinesfalls die Katze jagen darf; etwa nach einer Woche tritt Frieden ein. Es ist sehr unklug, einen Hund Katzen jagen zu lassen, denn der Tag könnte kommen, daß der Hund eine Katze über die Straße jagt und dabei selbst getötet wird; man sollte sich auch vor Augen führen, daß gerade diese Katze das Lieblingsspielzeug eines Kindes sein könnte!

Ich hoffe, daß jeder Rottweiler-Besitzer vor Ankunft des Junghundes die Umzäunung sorgfältig auf Lücken kontrolliert hat – man wird in der Nachbarschaft nicht beliebter, wenn der Junghund in fremde Gärten geht und dort Blumen pflückt. Es ist so wichtig, als Hundebesitzer mit den Nachbarn gut zurechtzukommen! Wird der Hund für die Nachbarschaft lästig, kommt es zuweilen vor, daß ein Brocken vergiftetes Fleisch über den Zaun fliegt – und wie fast immer – ist es der Hund, der darunter leiden muß!

HAUS UND GARTEN

Es hat sich als außerordentlich nützlich erwiesen, für einen Junghund eine Art »Laufstall« einzurichten, wo man – falls erforderlich – den Junghund unterbringen kann. Wir alle haben Tage, wo das Telefon läutet, die Kinder schreien und der Junghund zur Plage wird. Dann ist es bei weitem besser, den Hund auf eine Stunde in seinen Laufstall zu stecken als schließlich mit allem ringsum ärgerlich zu werden. Anfänglich mag der Welpe sicherlich winseln, um heraus zu kommen, dann ist es wichtig, ihm beizubringen, daß er dableiben muß, wo er ist. Hierauf muß man bestehen! Natürlich sollte man das Jungtier nicht solange in seinem Gitter lassen, daß es diesen Bereich anfängt zu hassen. Man gebe ihm Spielzeug, vielleicht auch ein paar große Hundekuchen, woran es kauen kann – niemals nimmt man den Junghund heraus, ehe er aufgehört hat zu winseln oder zu kläffen! Man sollte nicht nachgeben – der Hund darf sich niemals durchsetzen.

Man sollte es sich schon überlegen, kleine Kinder und Welpen unbeaufsichtigt in den Garten zu schicken – nur um etwas Ruhe zu haben; – meine kleine dreijährige Nichte wurde einmal dabei ertappt, wie sie einen acht Wochen alten Welpen an den Hinterläufen hielt und ihn laufend mit dem Kopf anstieß. Kleine Kinder haben kein Gefühl dafür, daß sie manchmal sehr grausam sind, deshalb muß man sie laufend überwachen.

Alle Junghunde nehmen Steine, Plastikspielzeug oder anderen Unrat auf, schlucken dies hinunter. Das kann zu einer Blockade im Darmbereich führen, der Welpe ist dann lustlos, mag nicht fressen und hat entweder keinen Stuhlgang oder sehr flüssigen. Schon bei ersten Anzeichen, daß der Junghund abfällt, sollte man ihn dem Tierarzt vorstellen; weiß man, daß der Junghund gerne solchen Unrat aufliest, muß man das dem Tierarzt unbedingt sagen, damit er bei seiner Untersuchung darauf achtet.

Muß man den Welpen – auch für kurze Zeit – alleine lassen, sollte man sich umschauen, Gegenstände wegnehmen, die zum Kauen verlocken, zum Beispiel Schuhe, Spielzeug und ähnliches.

Unten: *Zeitungspapier macht das Lager warm; man muß es häufig wechseln, damit es nicht zerfällt und Schmutz macht.*

Elektrokabel sollten so geschützt sein,d daß sie nicht zur Gefahr für das Jungtier werden. Herabhängende Handtücher sind ein wunderbares Spielzeug, Schlaufen und Knöpfe, die herausragen, muß man immer einmal probieren. Ich hörte von Herstellungsmethoden von Antikaupasten mit gestoßenem Pfeffer, dem schärfsten; er wurde mit Öl zu einer Paste eingekocht, die man auf die Flächen streichen kann, welche die Hunde gerne benagen. Auch Senf ist gut hierfür, aber einige besonders nutzlose Jungtiere scheinen zu denken, man hätte für sie besonders angenehme Geschmacksstoffe aufgestrichen!

Bitterer Aloeextrakt ist ein anderes Mittel, von dem man behauptet, es habe sich gut bewährt. Ich glaube aber vielmehr: man muß das Jungtier ganz einfach ablenken. Man gibt ihm einen Markknochen, von dem man die runden Enden abgesägt hat, das Mark wurde entfernt. An seiner Stelle wird in die Mitte des Knochens gekochtes Fleisch so eingelegt, daß der Junghund es nicht erreichen kann. Viele Junghunde verbringen Stunden damit, dennoch daran zu kommen und lassen andere Gegenstände im Zimmer unberührt.

a) Keine fetten Junghunde.
b) Niemals überanstrengen!
c) Junghunde gut sozialisieren.
d) Muß man einen Junghund zurechtweisen, nur mit einem einzigen Schlag oder Durchschütteln, begleitet von ärgerlichem Ausschimpfen; die Zurechtweisung muß schnell und hart sein, dann ist Schluß, folgt sofortiges Wiedergutsein.
e) Das Lob muß immer überschwenglich sein, man verbinde immer Strenge und Spiel.

Ein Wort zum Schluß: Nie darf man bei einem Junghund Aggressivität fördern. Ab 18 Monaten schützen Rottweiler völlig von sich aus. Versucht man, einen Junghund »scharf zu machen«, hat man an Ende möglicherweise einen Tiger am Schwanz. Man muß Rottweiler nie anreizen, sie schützen alleine aus ihrer natürlichen Veranlagung heraus.

Unten: *Spiele im Freien in frischer Luft und Sonne sind das Beste für heranwachsende Jungtiere.*

Kapitel drei

ERZIEHUNG UND VERHALTEN

ERZIEHUNGSPROBLEME

Man sollte mit der Ausbildung eines Rottweilers sofort beginnen, wenn man ihn bekommt – Erziehung vom Welpenalter an ist eine sich fortlaufend entwickelnde Routine. Man beginnt mit der Erziehung zur Stubenreinheit, lehrt den Welpen , wo er sich nicht lösen darf. Dabei läßt man an der Hintertüre für den Welpen einen Stapel Zeitungspapier, den er als Toilette benutzen darf; diese Erziehung hängt vom Alter ab. Vor einem Alter von 12 Wochen kann ein Welpe nicht die ganze Nacht durchhalten. Stetige Wachsamkeit ist das Schlüsselwort für die Erziehung zur Stubenreinheit; nach jeder Mahlzeit wird der Junghund herausgebracht, man achtet auf alle Anzeichen wie Herumschnüffeln und im Kreis laufen – dies bedeutet, daß der Hund nach draußen muß.

Man lobe den Junghund für jedes Sichlösen im Freien überschwenglich. Manche Leute bewerkstelligen es, bei den Welpen den Eindruck zu erwecken, daß jedes Sichlösen schlecht ist, dadurch machen sie ihre Hunde zu »heimlichen Pinklern«. Diese Welpen haben den Drang sich zu lösen im schlimmsten Fall nur, wenn sie sich von Menschen unbeobachtet sehen. Es ist überhaupt nicht schön, hinter dem Sofa nasse Flecken zu finden!

Man muß dem Hund klarmachen, daß bestimmte Stellen – im Freien – gut sind, Stellen drinnen schlecht. Das Erziehungssystem mit Hundekäfig hat sich sehr bewährt; man benutzt dabei das Grundprinzip von Hunden, die sehr ungerne ihren Schlafplatz verunreinigen. Der Junghund kommt spät am Abend in einen großen Drahtkäfig, wird am Morgen in den Garten gelassen. Natürlich muß man den Hund nach und nach über kürzere Perioden tagsüber an den Käfig gewöhnen, so daß er ihn als bequemen Schlafplatz, keinesfalls als Strafe empfindet. Am besten lockt man den Junghund mit Leckerbissen in den Käfig, so daß er den Käfig mit Annehmlichkeiten verbindet. Niemals läßt man den Hund tagsüber über mehrere Stunden im Käfig – ein wenig und oft, das ist die Regel.

Die meisten Welpen kommen auf einen ihnen angenehmen Rufklang, wenn sie dies mit dem Anbieten von Futter verbinden lernen. Immer wenn ich in den Auslauf zur Fütterung gehe, rufe ich laut: »Babys kommt!« Ganz gleich, welch wunderbares Spiel gerade gespielt wird, es endet sofort auf diesen Ruf, sie kommen für ihr Futter geradezu herangeflogen. Dies ist der Anfang der Lektion, was »Komm« bedeutet. Manchmal gehe ich auch einfach hinaus und rufe: »Babys kommt!« – wenn ich mit ihnen spielen möchte. Dies hat den gleichen Effekt, sie kommen herangelaufen um zu spielen, liebkost zu werden, so festige ich meine Belohnung für »Komm« – Futter, Spiel oder Liebe.

AUSBILDUNGSREGELN FÜR ANFÄNGER

Haben die Welpen den Wurf verlasssen und kommen ins Haus, beginnt das Lernen; auch der Besitzer muß zum Lernen bereit sein. Am besten versucht man es täglich mit den kleinen Dingen. So kann zum Beispiel selbst ein kleiner, acht Wochen alter Welpe den Begriff »Laut!« verstehen lernen. Man wartet bis exakt zur richtigen Futterzeit, zeigt dem Junghund einen schmackhaften Brocken. Er wird nun versuchen, danach zu springen, der Besitzer blickt aber dem Welpen fest in

die Augen und ruft schnell und aufgeregt »Laut!«.

In diesem Alter habe ich die erfreulichsten Erziehungsergebnisse. Es ist aber dabei wichtig, die Erregung aufrecht zu halten, dem Welpen sofort den Leckerbissen zu geben, wenn er wirklich Laut gibt. Solche Übungen erlauben keine Ablenkungen, denn ein Junghund kann sich nie lange konzentrieren. Am besten wählt man einen Zeitpunkt, da niemand anderes das Zimmer betritt oder schnell hinausgeht. Haben einmal die Augen des Welpen die des Führers verlassen, ist der Bann gebrochen. »Laut« ist ein vielseitig anwendbares Kommando, dadurch kann der Hund seine Wünsche ausdrücken. Meine Hunde »sprechen« – wenn sie durstig sind – mit dem Wasserhahn über dem Ablauf, »sprechen« mit der Tür, wenn sie hinaus wollen, manchmal »sprechen« sie mit mir, wenn ich herausfinden soll, was sie wirklich wollen, »Hinaus«, »Wasser«, »Spielen«, oder wenn sie anzeigen möchten, daß »etwas nicht in Ordnung ist«.

Manchmal ist es auch nützlich, bei einem Besucher, dem man mißtrauisch gegenüber ist, den Hund am Halsband zu fassen und leise das Kommando »Laut« zu geben. Unter solchen Umständen möchte sich niemand gerne mit einem Rottweiler streiten, möglicher Ärger scheint geradezu wegzuschmelzen.

Kommunikation zwischen Besitzer und Hund ist immer gut, kennt er »Laut!«, kann er seinen Besitzer auf vielerlei Dinge aufmerksam machen. Man braucht nicht zu befürchten, daß der Rottweiler dann

Unten links: *Rottweiler sind außerordentlich intelligente Hunde, lernen schnell, sich in häusliche Gewohnheiten einzufinden. Hier demonstriert »Max« das Öffnen von Türen.*

Unten: *»Max« öffnet sich die Küchentür. Es bewährt sich, den Hund so zu erziehen, daß er für das Hinauslassen, Wassertrinken und andere Notwendigkeiten »spricht« – Laut gibt.*

den ganzen Tag herumkläfft; es liegt einfach nicht in seiner Veranlagung. Sie benutzen eigentlich ihre Stimme nur, wenn es notwendig ist.

AUFBAU DER RANGORDNUNG

Bei einer so selbstbewußten Rasse wie dem Rottweiler muß man immer an die klare Rangordnung, an Unterordnung des Hundes denken. Ein Punkt der Erziehung besteht darin, beim Öffnen einer Tür den Hund das Kommando »Zurück!« zu lehren. Dabei tritt der Junghund ein paar Schritte zurück und versucht nicht, sobald man die Tür öffnet, sich hindurch zu drücken. Jedesmal wenn man eine Tür öffnet, stellt man sein Bein vor den Brustkorb des Junghundes und schiebt ihn mit dem Kommando »Zurück!« nach hinten. Ignoriert dies der Junghund, stößt man ihn etwas rauher zurück, das Kommando erhält einen scharfen Klang. Die Gründe für diese ganz einfache Lektion sind:

a) Es zeigt dem Hund, daß er Befehlen folgen muß.

b) Es verhindert, daß der Hund in eine mögliche Gefahr läuft.

c) Als Erwachsener steht der verteidigungsbereite Hund unter Kontrolle, direkt hinter seinem Besitzer, wenn etwa der Briefträger oder Zeitungsträger ankommt, möglicherweise die Hand hebt, um Brief oder Zeitung zu übergeben. In dieser »Zurück-Haltung« bleibt der Hund bis zum nächsten Kommando. Ist der Besucher friedlich und sein Besuch angenehm, ist man sicher, daß der gut ausgebildete Hund nicht durchbricht und beißt.

d) Hunde, die darum kämpfen, vor ihrem Besitzer durch die Tür zu gelangen, kön-

nen viel Ärger verursachen; lebt man an einer verkehrsreichen Straße, könnten sie dabei leicht ihr Leben verlieren. Außerdem könnte auch eine Rechnung über mehrere Tausend DM für vom Hund verursachte Schäden bei Verkehrsunfällen die Folge sein – also sollte man diese frühe Übung unbedingt lehren.

Die gleiche Ausbildung muß auch im Auto erfolgen. Der Hund muß lernen, auf »Bleib!« unbedingt am Platz zu bleiben, ehe man ihm erlaubt, heraus- oder hineinzuspringen, auch dies ist eine lebensrettende Lektion. Springt der Hund aus dem Auto auf eine verkehrsreiche Straße, könnten die Folgen schrecklich sein.

Oben: *Kann der Hund selbst die Tür öffnen, sollte man ihm auch beibringen, wie er sie wieder schließen muß.*

Unten: *Jeder Hund muß lernen, auf »Bleib!« solange im Auto zu bleiben, bis man ihm das Kommando zum Herausspringen gibt. Das Herausspringen aus dem Auto auf einer verkehrsreichen Straße kann zu tödlichen Folgen führen.*

Wie lernt der Hund das Kommando »Bleib!«? Bereits Welpen können lernen, wenige Sekunden auf »Bleib!« zu verharren, wobei man die Zeitdauer wöchentlich verlängert. Erwachsene müssen bereits wissen, was »Bleib!« bedeutet. Es gibt verschiedene Methoden, die leichteste ist die folgende.

Man legt den Hund an eine Leine, diese muß lang sein und nach Möglichkeit aus Leder bestehen (vergleiche Seite 60 f.). Auf Kommando muß der Hund die Haltung »Sitz!« einnehmen, hinzu kommt das Kommando »Bleib!«, begleitet von einem entsprechenden Handzeichen (vergleiche Illustrationen S. 48 und 50). Nun geht man einen Schritt vom Hund zurück, vergewissert sich zuvor, daß die Leine locker durchhängt. Das erste Mal wird der Hund wahrscheinlich zu folgen versuchen, das löst ein strenges Kommando aus (ich benutze ein drohendes »Aaargh!«, man kann natürlich genauso »Nein!« sagen); dann wird der Hund exakt in die gleiche Position gebracht wie zuvor. Bei der ersten Übung besteht man darauf, daß der Hund mindestens fünf Sekunden sitzen bleibt, dann geht man zu ihm zurück, zählt innerlich bis drei und lobt dann den Hund überschwenglich. In den ersten Lektionen sollte man nie zuviel tun, aber auch niemals aufgeben, ehe man wirklich erfolgreich war. Lektionen bis zu zehn Minuten sind schon reichlich.

Warum soll man bis drei zählen, wenn man zum Hund zurückgekehrt ist? Es lehrt den Hund zu warten, bis er vom Kommando befreit wird, es verhindert auch, daß der Hund bei der Rückkehr am Führer hochspringt.

Ich verwende immer ein Spezialkommando, das meinem Hund sagt, daß die Übung vorbei ist. Ich sage »OK«. Dies bedeutet für den Hund, daß die Übung vorbei ist, er ausruhen kann. Besonders wichtig ist die Art, wie man das Wort »Bleib!« ausspricht. Es sollte dem Hund übermitteln: »Du hast überhaupt keine Wahl, Du mußt es tun!«. Viel zu viele Hundeführer sagen dieses »Bleib!« mit einer Stimme, die übermittelt: »Oh bitte tu es, mein lieber Hund!« Es muß aber ein

Oben: *Hat der Hund gelernt zu bleiben, wenn man rückwärts geht, geht man jedesmal etwas weiter.*

Unten: *Aus der »Bleib!«-Haltung wird der Hund durch das Kommando »Hier!« erlöst.*

Kommando, keine Bitte sein.

Der Leser muß verstehen, daß jeder kleine Erziehungsschritt einen Grund hat. Für die wenige Zeit, die man im ersten Jahr eines Hundes damit verbringt, ihm richtiges Benehmen beizubringen, wird man über zehn oder mehr Jahre durch einen Hund belohnt, bei dem es Freude und Stolz bereitet, ihn zu besitzen.

Hat ein Hund einmal die Regeln verstanden, behält er sie fürs ganze Leben.

Führt der Hund das Kommando »Bleib!« angeleint ordentlich durch, versteht genau, was man will, läßt man die Leine auf den Boden fallen, geht etwas weiter von ihm zurück. Die nächste Übung besteht darin, die Leine ganz zu entfernen und die Übung zu wiederholen. Nach und nach vergrößert man die Verweildauer, bis der Hund für etwa zehn Minuten ohne Schwierigkeiten bleibt.

Jede Übung muß Schritt auf Schritt erfolgen; man darf sich nie scheuen, bis auf Übung eins zurückzugehen, wenn es notwendig ist. Bei der Hundeausbildung ist es das Beste, langsam voranzugehen, sicherzustellen, daß der Hund jeden Schritt gut lernt. Später kann man sich sogar außer Sicht des Hundes entfernen und sicher sein, daß der Hund an der Stelle bleibt. Eine Warnung, man sollte nie das tun, was meinem Mann einmal unterlief. Er ließ unsere Hündin in der Haltung »Platz! Bleib!« allein, wurde abgelenkt und vergaß sie über drei Stunden. Sie blieb an der angeordneten Stelle, aber sie fühlte sich anschließend sehr mies! Man muß den Hund immer wieder freigeben, wenn eine Übung vorbei ist. Hunde sind keine Roboter, man sollte immer fair ihnen gegenüber sein.

»NEIN!«

Man braucht immer ein Wort, das dem Hund sagt, daß er etwas Schlechtes tut. »Nein!« ist das verbreitetste Wort, man sagt auch zuweilen »Pfui!«, wenn etwa ein Junghund am Teppich kaut oder den Mülleimer ausräumt. Ganz gleich, welches Wort man wählt, man sollte es nie wechseln! Man muß es für den kleinen Verstand leicht verständlich machen. Ignoriert ein Welpe das Kommando, ist es entweder im Ausdruck zu weich oder man hat einen ziemlich dominanten Junghund. Man sollte es mit einem zweiten Befehl in westentlich strengerem Ton versuchen. Ignoriert der Junghund das Kommando wieder, sollte man entweder zu ihm hingehen, ihn hart am Nackenfell durchschütteln, begleitet von einem noch härteren »Nein!« oder mit einem Gegenstand nach dem Welpen werfen und treffen. Einige Rottweiler Junghunde versuchen tatsächlich bei einer Korrektur zu beißen, dabei muß man gewinnen! Man darf es nie durchgehen lassen, wenn ein Hund Aggressionen seinem Besitzer gegenüber zeigt, es bedarf eines harten

Unten: *Der Hund sollte am Ende der Übung lernen, beim Ankommen die Haltung »Sitz!« einzunehmen.*

Schlags, um die Autorität zu gewährleisten. Dabei darf man nie vergessen, im gleichen Augenblick, da sich der Junghund unterwirft, wieder freundlich zu sein. Die gesamte Haltung muß dem Junghund stets die Überlegenheit des Herrn vor Augen führen.

Es ist auffällig, wie selten Menschen mit natürlicher Autorität bei Hunden überhaupt Gewalt einsetzen müssen.

Irgendwie erkennt ein Hund, wenn er es mit einem Führer zu tun hat, bei dem er nie mit Unfug durchkommt. Man sollte immer versuchen, sich seinem gedanklichen Rahmen anzupassen, es wirkt Wunder. Der Tonfall ist von äußerster Wichtigkeit, er muß einmal völlig drohend und einschüchternd wirken, Sekunden später bekommt die Stimme eine Klangfarbe als fließe Honig. Ein einfaches »Guter Hund!« ist nicht immer ausreichend – man sollte durchaus das Lob überschwenglich, die strafende Stimme drohend einsetzen.

Ich benutze ein magisches Wort, es lautet »Schluß!«. Dies bedeutet für den Hund: »Du bist zu weit gegangen, jetzt werde ich wirklich ärgerlich.« Man muß dies in einer scharfen, drohenden Art ausstoßen, es erschreckt meine Hunde und wirkt selbst bei Hunden, die ursprünglich in anderer Sprache ausgebildet wurden. Wenn man dieses Wort in der richtigen Art benützt, wirkt es so drohend, daß die Botschaft ankommt.

ANDERE KOMMANDOS

Man muß den Hund auch lehren, sich zu legen. Hierzu benutzt man ein Kommando, ergänzt durch Handzeichen. Man deutet auf den Boden, sagt ein festes, klares »Platz!«, drückt den Junghund hinter den Schultern herunter, und er liegt auf dem Bauch. Man kann auch die Vorderläufe aus der Sitzposition nach vorne ziehen oder ihn mit einem Stoß an der Schulter seitwärts umwerfen. Bei älteren Hunden werden manchmal noch härtere Methoden angewandt, diese braucht man aber nicht für Junghunde. Etwas Übung über ein paar Minuten mit diesem Kommando, etwa fünf- oder sechsmal täglich, ergänzt durch viel Lob, und innerhalb einer Woche weiß der Junghund was »Platz!« bedeutet.

Jetzt übt man zunächst auf zehn Sekunden das Kommando »Platz! Bleib!«, das man dann langsam bis auf zehn Minunten ausdehnt. Nie darf man vergessen, daß Junghunde sich schlecht konzentrieren können, deshalb sollte man nie zu schnell vorwärtsgehen, nach jeder Übung als Belohnung ein kleines Spiel anbieten.

Mit drei bis vier Monaten wird der junge Hund unabhängiger, verweigert manchmal zu kommen. Man gebraucht immer den Namen des Hundes, zum Beispiel »Rex, hier!« nie nur »Rex!«; letzteres enthält zwar den Namen, aber nicht, was der Hund tun soll. Reagiert der Hund nicht, ist der nächste Schritt, einen Gegenstand aufzunehmen (eine Plastikschüssel ist hervorragend) und diesen hart nach dem Hund zu werfen, so daß er den

Unten: *»Platz! Bleib!« Dies ist ein nützliches Kommando, bei dem der Hund nicht sitzt, sondern liegen muß.*

Oben: *Anspringen auf Kommando ist akzeptabel, kann aber unkontrolliert viel Ärger verursachen.*

Junghund trifft. Dieser Wurf sollte von dem Befehl »Rex! Hier!« begleitet sein, gefolgt von einem sofortigen »Braver Hund!«, wenn der Hund einen Schritt näher kommt und noch mehr Lob, wenn er weiter herankommt. Schnell lernt der Junghund, daß ganz gleich wo er ist, ihm etwas Böses zustoßen kann, wenn er nicht gehorcht.

Bei einem älteren Hund kann man auch etwas Härteres werfen. Eine schwere Wurfkette ist gut, aber sie muß stark genug geworfen werden, um weh zu tun, sonst ist die Übung nutzlos. Nie, gar nie, darf man einen Hund strafen, der herankommt, ganz gleich wie ärgerlich man ist oder man bekommt einen handscheuen Hund, der sich fürchtet, zu seinem Herrn zu kommen.

Es gibt Menschen, die Hunden gegenüber einfach nicht hart sein können. Das ist schön, aber solche Menschen sollten nie einen Rottweiler kaufen, denn diese Rasse braucht eine sehr feste Hand, manchmal auf den Po und das hart. Anspringen ist eine andere Lektion, die ein junger Hund lernen muß. Vom ersten Tag an steht das Kommando »Runter!« im Raum. Kleine, schmutzige Pfotenabdrücke an der Tür des Kühlschrankes oder auf der Kleidung der besten Freunde sind nicht besonders erfreulich, so sollte man dieses Kommando dem Junghund von Anfang an beibringen, begleitet von einem Ruck am Welpenhalsband. Man sollte auch gelegentliche Besucher bitten, bei dieser Erziehung zu helfen, das gleiche Wort zu verwenden. Man darf niemals einem Hund sagen: »Ja, es ist vollkommen in Ordnung, wenn Du an Fred hochspringst, während er seine alten Jeans trägt. Du darfst aber Tante Maud nicht anspringen!« Ein Junghund darf entweder anspringen oder nicht, alles andere ist für ihn viel zu verwirrend.

Es ist überhaupt nicht gut, junge

Hunde treppauf treppab laufen zu lassen, dies hat schlechte Auswirkungen auf die Knochenstruktur, kann auch zu Bänderdehnungen führen. Deshalb sollte man dem kleinen Rex, wenn er seine Pfote auf die Treppe setzt, sagen: »Runter!«.

APPORTIEREN

Der Zahnwechsel ist eine Zeit, in der dem Junghund die Kiefer weh tun, er braucht harte Gegenstände zum Kauen, deshalb muß man ihm das Richtige geben. Seilziehen spielen mit dem Hosenbein alter Jeans ist ein gutes Spiel, hilft dabei, daß sich die Milchzähne lösen. Es gibt eine Theorie, die besagt, daß durch solche Spiele der Kiefer sich zu einem Vorbiß verändert, aber nach meiner Erfahrung ist dies nicht der Fall. Es bereitet viel Spaß, ist ein wunderschönes, lohnendes Spiel. Hierbei kann man auch mit dem Hund das Apportieren lernen.

Zunächst spielt man Seilziehen, wirft dann das Kleidungsstück in eine Ecke. Sicherlich wird der Junghund nachstürzen, es packen und zum neuen Spiel wieder heranschleppen. Läuft der Junghund mit ihm weg, stellt man sich selbst im Zimmer so auf, daß man das nächste Mal ein Weglaufen des Junghundes verhindern kann, in diesem Fall nimmt man dem Junghund das Spielzeug weg. Bald wird der Hund feststellen, daß wenn er das Kleidungsstück zurückbringt, das fröhliche Spiel noch viel mehr Spaß macht. Nie sollte man vergessen, das Kommando »Hol's!« zu geben, wenn man das Kleidungsstück wegwirft. Schon nach wenigen Wochen hat der Junghund ein neues Kommando gelernt.

Gibt man das Kleidungsstück dem Junghund, sagt man »Halten!«. Nimmt der Welpe den Gegenstand an, wird er tüchtig gelobt. Macht man das immer dann, wenn der Junghund das Spielzeug erhält, wird er schnell das Wort »Halten!« verstehen, ein weiterer Schritt auf dem Weg zu einem guten Apportieren.

Ein wichtiger Rat – man sollte stets mit dem Apportierspiel aufhören, während der Junghund noch begierig ist, weiterzuspielen. Man darf nie so lange weiterspielen, bis es der Junghund leid wird, sonst vergeudet man all die gute Arbeit. Benutzt man einen Apportiergegenstand, etwa einen Apportierbock, braucht man zwei Apportiergegenstände. Dann legt man den Apportierbock an eine Stelle, wo der Junghund ihn sehen, aber nicht erreichen kann. Dann spricht man mit dem Junghund darüber, erzählt ihm Dinge, wie »Da ist ja Dein schönes Bringsel«, so daß der Junghund wirklich scharf auf diesen Gegenstand ist.

KOMMUNIKATION

Sprechen mit dem Hund ist sehr wichtig; nicht nur Kommandos, normales Gespräch. Einige Leute werden dies wahrscheinlich als ein Anzeichen von Verrücktheit ansehen, aber diese Leute haben auch viel weniger Freude und Koopera-

Unten: *Spielen mit dem Junghund leitet leicht die Ausbildung zum Apportieren ein, bereitet Hund und Herrn viel Freude.*

Oben: *Man sollte sich nie davon abhalten lassen, seinen Hund mit anderen Tieren vertraut zu machen, es hilft immer.*

tion mit ihren Hunden als jene, die mit Hunden sprechen. Es ist so wichtig, eine gute Beziehung zum Hund zu haben – man muß sich gegenseitig verstehen, und das Sprechen mit dem Hund macht ihn zum Gefährten, sozialisiert ihn mit dem Menschen.

Manche Menschen würden sich wundern, wieviele Worte ein Hund aus einem Satz heraushören und verstehen kann, insbesondere wenn man nicht mit einer monotonen Stimme spricht. Die meisten Hunde kennen die Worte »Spaziergang«, »Gassi gehen« und »Möchtest Du«; schnell lernen sie auch »Futter« oder »Wasser«, ganz einfach vom Zuhören und Aufnehmen der Worte. Man wird feststellen, wie schnell Hunde lernen, bestimmte Handlungen zu verstehen, die ihre Menschen im Alltagsleben vornehmen. Das sich Bewegen zu einer bestimmten Zeit zur Speisekammer, wo das Hundefutter steht, bedeutet, daß es bald zu futtern gibt; das Anziehen bestimmter Kleidungsstücke bedeutet, daß die Zeit zum Spaziergang naht. Andere Kleidungsstücke wiederum bedeuten, daß kein Spaziergang bevorsteht.

Einige Rottweiler haben wirklich Sinn für Humor, benutzen auf recht ungewöhnliche Art ihren Verstand. So ist zum Beispiel ein Freund von mir Taxifahrer; geht er zur Arbeit, zieht er immer ein ganz bestimmtes Paar Schuhe an. Sein Rottweiler beobachtete dies und begann heimlich, jeden Tag einen der Schuhe zu verstecken, was zu einer hektischen halbstündigen Suche ausartete, nur um diesen Schuh zu finden. Der Hund mochte überhaupt nicht, daß sein Besitzer ihn allein ließ und versuchte auf diese einfache Art, das zu verhindern. Einige Wissenschaftler glauben nicht, daß ein Hund in der Lage ist, solche einfachen Gedankengänge zu vollziehen, aber es liegen Welten zwischen einem Versuchstier und einem in die menschliche Gesellschaft sozialisierten und ausgebildeten Hund, der gelernt hat, seinen Verstand zu gebrauchen.

Wie ich schon anfangs gesagt habe, wenn man seinen Rottweiler draußen im Zwinger hält, wird er nie alle seine Fähigkeiten entwickeln, wie dies nun einmal der Haushund vermag. Es ist bestimmt harte Arbeit, einen Junghund zu erziehen, aber es lohnt sich – und – es bereitet auch sehr viel Freude. Die Ausbildung sollte Herrn und Hund Spaß machen. Es gibt nichts Vergleichbares zum befriedigenden Gefühl, wenn ein Hund wirklich versteht und genau das ausführt, was man möchte.

AGGRESSIONEN

Für alle die, die schon einen Rottweiler besitzen, einen ausgewachsenen, der vielleicht problematisch ist, behandle ich hier einige der Hauptprobleme, gebe Ratschläge, wie man diese lösen kann.

Aggression zur Verteidigung der Nahrung sollte natürlich bereits in der Jugend beseitigt sein. Ist dies aber nicht erfolgt, knurrt der erwachsene Hund zuweilen, um Futter, Knochen oder anderen Besitz zu verteidigen. Es ist immer besser, mit einem voll ausgewachsenen Rottweiler einen direkten Kampf zu vermeiden, wenn man nicht sicher sein kann, daß man diesen auch gewinnt! Deshalb muß man das Problem mit Geschick lösen.

Am besten schlingt man ein Stück Seil um die Futterschüssel, hält das lange Ende in der Hand, füllt eine leere Spülmittelflasche mit sehr kaltem Wasser (bei sehr schwierigen Hunden wählt man eine Schüssel Eiswasser). Dann stellt man die Futterschüssel auf den Boden. Beginnt der Hund zu fressen, befiehlt man »Aus!«. In der Regel wird der Hund nicht gehorchen, sondern drohend knurren. Nun wiederholt man mit strenger Stimme: »Rex, aus!« und gießt dem Hund aus der Flasche einen Schluck Wasser ins Gesicht oder verabreicht ihm einen Guß Eiswasser. Meist hört der überraschte Hund auf zu fressen, jetzt wird die Schüssel mit einem raschen Ruck herangezogen und aufgenommen, gleichzeitig lobt man den Hund tüchtig für das »Auslassen«. Dann zeigt man dem Hund, daß man einige schmackhafte Brocken in die Schüssel legt, und gibt sie ihm zurück.

Dies zeigt dem Hund, daß man ihn zwingen kann, die Futterschüssel auszulassen, und daß der Mensch die Schüssel nur manchmal haben möchte, um noch einige Leckerbissen hinzuzufügen. Sicherlich erkennt jeder jetzt, warum man dieses Problem bereits beim Welpen lösen sollte. Ein ausgewachsener Rottweiler, der in seiner Jugend nicht gelernt hat, daß sein Besitzer allmächtig ist, kann zum ernsten Problem werden.

Man muß immer gewinnen, man muß sich selbst Lösungsmöglichkeiten ausdenken, der Mensch hat ein viel besseres Gehirn als ein Hund – das hoffe ich zumindest. Deshalb muß er immer danach Ausschau halten, einen eleganten Weg zu finden, um die Kraft des Hundes zu überlisten.

Oben: *Sieht man, daß ein offensichtlich aggressiver Hund auf einen zukommt, sollte man sich nicht verkrampfen, denn dies überträgt auf den Hund, daß man erregt ist; vielmehr geht man ruhig weiter.*

Links: *Ein Knochen ist immer ein begehrter Besitz. Man muß aber seinen Hund so erziehen, daß man ihm jederzeit Futter wegnehmen kann.*

Aggression gegenüber anderen Hunden ist ein weiteres Problem, das bei Rüden häufiger als bei Hündinnen auftritt; wenn ich auch einige aggressive Rottweiler-Hündinnen kennengelernt habe, sind diese aber viel seltener. Es ist eine sehr harte Arbeit, ausgewachsenen Rüden die Aggression abzugewöhnen, wenn man dies nicht bereits beim ersten Mal, als sie solche Neigungen zeigten, hart unterbunden hat. Der beste Weg führt über das Würgehalsband.

Sieht man das Unglück auf sich zukommen, etwa daß sich ein unangeleinter Hund nähert, sollte man sich selbst niemals verkrampfen, die Leine verkürzen, denn dies überträgt auf den Hund, daß sein Besitzer erregt ist, darauf reagiert er sofort. Statt dessen muß man seinem Hund sagen »Aus!« und den Spaziergang völlig entspannt fortsetzen, dabei aber natürlich bereit sein. Ist der fremde Hund nur noch etwa sechs Meter entfernt und versucht jetzt der eigene Hund auf ihn loszustürzen, sollte man dem vorwärtsstürmenden Gewicht des Hundes plötzlich das eigene Gewicht rückwärts gehend entgegensetzen. – Dies ist der Sinn der lockeren Leine – wäre die Leine angespannt, ginge es nicht. Ein auf diese Art eingesetztes Würgehalsband versetzt dem Hund einen Schock, und dieser muß von einem wirklichen harten Einschreiten des Besitzers begleitet sein. Gegen ungewünschte Aggression des Hundes muß der Führer alle Härte einsetzen.

Beherrscht der Hund das Kommando »Platz! Bleib!« gibt es eine andere Methode, nämlich den Hund bei Annäherung eines frei laufenden Hundes in diese Position zu versetzen. Nach Möglichkeit sollte man in der Hosentasche eine zusätzliche schwere Wurfkette haben, die man dem anderen Hund, wenn er zu nahe kommt, auf den Körper wirft. Dies kann zwar den anderen Hundebesitzer ärgerlich machen, kann dieser jedoch seinen eigenen Hund nicht kontrollieren, ist es viel besser, wenn er durch dich auf Distanz gehalten als durch deinen Rottweiler gebissen wird.

An diesem Beispiel läßt sich klar erkennen, warum man schon eine willens-

Oben: *Man läßt das Würgehalsband lokker, so daß im gleichen Augenblick, wenn der Hund nach vorne stürzt, das Halsband einen harten Ruck auf den Hundehals ausübt.*

Oben: *Fällt der Hund in seine normale Spazierganghaltung zurück, sollte man ihn tüchtig loben und den Spaziergang fortsetzen. Nie darf man Aggressionen ungestraft dulden.*

starke Persönlichkeit sein muß, um einen Rottweiler zu besitzen.

Erzieht man seinen Rottweiler von Jugend an, entstehen solche Probleme überhaupt nicht.

Als letzten Ausweg kann man einen Rüden kastrieren lassen. Einige denken, das sei grausam, man sollte dies aber logisch durchdenken. Ein Durchschnittsrottweilerrüde wird nur in Ausnahmefällen als Zuchtrüde eingesetzt – ist er kein erstklassiges Exemplar mit gesunden Hüften, sollte er überhaupt nicht zur Zucht gebraucht werden. Natürlich weiß ich, daß jeder Hundebesitzer seinen Hund für den schönsten Rottweiler in der ganzen Welt hält, es gibt aber ein altes Sprichwort, das besagt: »Es gibt nur einen einzigen perfekten Hund in der ganzen Welt, und diesen besitzt jeder Hundehalter!« Und dies ist sehr wahr.

Für einen Durchschnittsrüden ist der Sexualtrieb völlig unnütz, und es ist eine absolut irrige Vorstellung, daß wir unserem Hund einen Gefallen tun, wenn wir ihn einmal decken lassen. Da man ihm meist keine weiteren Hündinnen verschaffen kann, ist es für den Rüden besser, wenn er das Ganze nie kennenlernt. Auch aus anderer Hinsicht ist die Kastration manchmal der bessere Weg, denn sie unterbindet häufig den Großteil der mit der Sexualität verbundenen Aggression. Man sollte aber wissen, daß man einen Rüden nie kastrieren lassen sollte, ehe er alle männlichen Hormone entwickelt hat, das ist im Alter von 18 Monaten, sonst bleibt er zu welpenhaft. Nach Entwicklung aller männlichen Hormone macht Kastration den Rüden nicht schwächlich, das Wesen des Hundes bleibt dasselbe, nur die Rauflust mindert sich. Allerdings sollte man die Nahrungsmenge reduzieren, sonst könnte der Hund zuviel Gewicht ansetzen.

AGGRESSIVITÄT GEGEN MENSCHEN

Es gibt noch ein anderes Problem, das viel Kopfzerbrechen auslösen kann, das ist die Aggression gegenüber dem Tierarzt, wenn der Hund behandelt werden muß. Eine solche Aggression sollte man nie tolerieren, die Hände des Tierarztes sind für diesen lebensnotwendig, viele Tierärzte behandeln Rottweiler nur ungern, das liegt an den paar »falsch erzogenen«, die versuchen, den Tierarzt aufzufressen und die Klinikeinrichtung zu demolieren. Ein Rottweiler, der unter Kontrolle seines

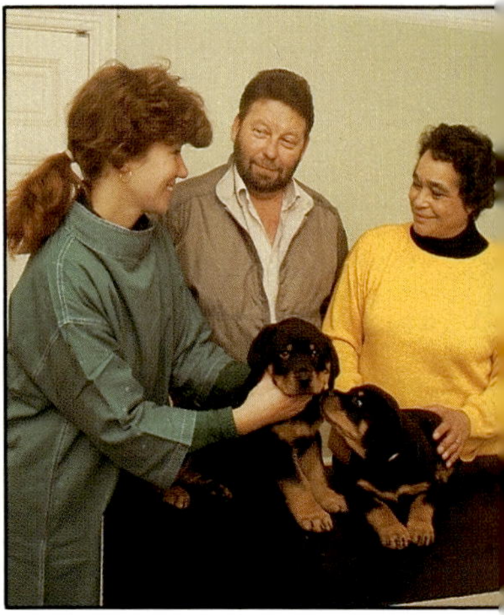

Oben: *Es ist unbedingt notwendig, von Zeit zu Zeit den Hund durch den Tierarzt untersuchen zu lassen; man sollte ihn von klein an daran gewöhnen.*

Herrn steht, vor diesem Respekt hat, sollte immer kontrollierbar sein. Was tut man aber, wenn man dies dem Hund nicht frühzeitig beigebracht hat, ihn nicht zu kontrollieren vermag, – was macht man mit dem »Tierarzthasser«? Hier kann man ein Beruhigungsmittel einsetzen, dies ist aber einige Zeit vor dem Besuch notwendig; der Hundebesitzer sollte den Hundekopf festhalten, notfalls den Hundefang so mit einem Maulkorb versehen, daß er keinesfalls beißen kann; der Hundebesitzer muß auch bereit sein, den Hund mit einer harten Strafe zurechtzuweisen, wenn er sich zu sehr aufspielt. Was immer auch notwendig sein mag, keinesfalls darf der Tierarzt vom Hund gebissen werden!

Aggressionen gegenüber einem sich nähernden Fremden ist ein anderes, sehr ernsthaftes Problem. Auch dieses muß bedingungslos unterbunden werden, andernfalls könnte das Leben des Hundes gefährdet sein. Dies ist keine Tapferkeit oder echter Schutztrieb, im Gegenteil, meist genau das Gegenteil, nämlich durch Furcht oder Nervenschwäche ausgelöste Aggression. Ich spreche hier nicht von einem Hund, der anschlägt, wenn ein Fremder an die Türe klopft, sondern von dem Hund, der beim Spaziergang mit seinem Besitzer sich auf die Hinterläufe stellt und Passanten auf der Straße anbrüllt. Manche Menschen glauben, dies sei wunderbar, daß ihr Hund sie beschütze, nichts ist von der Wahrheit entfernter, da die meisten Hunde mit fehlendem Selbstvertrauen sich nach hinten absetzen, wenn eine wirkliche Gefahr auftritt.

Solches Verhalten ist in der Regel eine Folge mangelnder Sozialisierung des jungen Hundes, in manchen Fällen auch ererbte Nervenschwäche. Von solchen Hunden darf nie gezüchtet werden. Ist ein Hund wirklich nervös, ist es oft besser, ihn rechtzeitig schmerzlos einschläfern zu lassen. Ich persönlich glaube, daß ein nervöser Rottweiler eine schwere Last, nie eine Freude ist. Hinzu kommt die große Gefahr, die von ihm ausgehen kann. Wurde jedoch ein Hund nie richtig mit seiner Umgebung vertraut gemacht, ist ein solches Mißverhalten möglicherweise nicht erblich bedingt, sondern durch menschliches Fehlverhalten ausgelöst. Es bedarf harter geduldiger Arbeit, die einen solchen Hund völlig verändern kann. Man muß den Hund überall mit hinnehmen, wo er Menschen, Verkehr und alle Arten von Alltagsereignissen kennenlernt. Manchmal hilft bereits das ruhige Sitzen auf einer Parkbank mit dem Hund an der Seite, besonders empfohlen seien Ausbildungshilfen auf den Hundeübungsplätzen.

Hunde, die sich auf Menschen stürzen, müssen hart und schwer bestraft werden – am besten benutzt man die Methode, die ich zuvor hinsichtlich Aggressionen gegen Hunde beschrieben habe (S. 55). Man kann dem Hund einen harten Schlag versetzen, ja, die Strafe für solches Verhalten kann nicht hart genug sein. Man sollte sich immer im klaren sein, daß das Leben des Hundes höchst bedroht ist, wenn er Menschen beißt. Manchmal zahlt er mit dem Leben dafür!

Man sollte aber nie vergessen, daß die meisten Rottweiler, wenn man sie richtig aufzieht, nie eine solche Behandlung nötig haben. Ich trete nur dann für Härte gegen den Hund ein, wenn er diese wirklich braucht.

Es gibt einige Hundebesitzer, die sich vor dem eigenen Hund fürchten. Das ist ein ernstes Problem, denn der Hund erkennt dies durch den Geruch. Fürchtet man sich vor einem Hund, reagiert dieser auf solchen Furchtgeruch und wird absolut dominant. Nach meiner Meinung ist dies ein Umstand, wo manchmal eine

Unten: *Aggression kann ein Anzeichen mangelnder Sozialisation sein. Man sollte seinen Hund überall mit hinnehmen, ihn an Menschen und Verkehr gewöhnen. Auf diese Art wird er zum zuverlässigen und vertrauensvollen Gefährten der ganzen Familie.*

Trennung besser ist, es sei denn, man kann einen erfahrenen Helfer finden, der sowohl dazu beiträgt, die eigene Furcht zu überwinden als auch den Hund richtig zu erziehen.

Ein zusätzlicher, einleuchtender Grund, einen Rottweiler in seiner Jugend so zu erziehen, daß er immer unter fester Kontrolle steht.

STEHLEN

Stehlen durch Hunde ist etwas, wonach ich oft gefragt werde. Gestohlen wird Essen von Arbeitsplatten, schmutzige Wäsche aus dem Badezimmer, saubere Wäsche aus dem Schrank und so weiter. Ein Hund kann Stehlen nie als ein Vergehen ansehen. Ist der erwünschte Gegenstand in seiner Reichweite, gibt es kein Hundegesetz, das ihm sagt: »Du sollst nicht stehlen!« In menschlichen Augen ist dies jedoch ein Vergehen, deshalb muß der Hund hier lernen.

Wie kann man Stehlen unterbinden? In unserem Haus gibt es ein festes Gesetz: Der Fußboden ist der Bereich des Hundes, bleibt hier irgendein Gegenstand liegen, ist es unsere Schuld, wenn er weggenommen wird. Dies hilft, die Familie so zu erziehen, keinen Korb schmutziger Socken auf dem Boden stehen zu lassen, Spielzeug immer aufzuheben und so weiter, – eine wirklich gute Regel für die meisten Haushalte. Stehlen von hochliegenden Stellen kann man dadurch unterbinden, daß man Fallen für »Lausbuben« aufstellt. Einst besaß ich einen Hund namens Gamegards Fire & Rain (Condor), der für Filmarbeit so trainiert worden war, daß er Schranktüren öffnen konnte. Der Kühlschrank hatte eine Tür, die er leicht öffnen konnte. Oft, wenn ich draußen war, tat er dies auch und stahl den Käse. Das Problem war eigentlich nicht der Käsediebstahl, schlimmer war, daß ihm niemand sagte »Tür zu!«, so ließ er sie offen. Dies bedeutete, daß die anderen Haushunde sich den übrigen Inhalt teilen konnten. Meine Lösung war eine Mausefalle, ausgestattet mit einem Käseklumpen. Ich stellte diese vorne in den Kühlschrank und ging hinaus, versteckte mich aber so, daß ich alles beobachten konnte. Wie erwartet öffnete der kluge alte Bursche die Tür und machte sich an den Käse. Was für ein Schock war es für ihn, als die Falle zuschlug, der Käse zurückbiß! Das Ganze bewährte sich gut, aber ich mußte die Falle noch ein paar Tage länger einsetzen, nur für den Fall, daß er es noch einmal versuchte. Später knurrte er immer, wenn er nur eine Mausefalle sah.

Man kann sich auch andere Fallen ausdenken, etwa Fleisch, mit Senf beschmiert oder einige leere Bierbüchsen auf einem Stück Karton. Man legt Kieselsteine in jede Büchse, befestigt das Futter an einer Schnur, verbunden mit dem Karton. Nimmt der Hund das Futter, kommt ihm der ganze Segen auf den Kopf – recht wirksam.

Oben: *Man sollte immer darauf achten, Türen geschlossen zu halten, alles »Kaubare« sollte außerhalb der Reichweite neugieriger Rottweiler sein!*

Immer muß man sich Neues überlegen, erfinderisch sein. Man darf einfach nicht akzeptieren, daß ein Hund stiehlt, sondern muß darüber nachdenken, wie man dies verhindern kann. Dies sind nur einige Erfahrungen, mancher Leser hat sicherlich andere und bessere.

Aufgehängte Wäsche ist für einen jungen, verspielten Hund immer besonders verführerisch, deshalb sollte man die Wäsche entweder außerhalb seiner Reichweite aufhängen oder auf einem Platz trocknen, zu dem der Hund keinen Zutritt hat. Etwas gesunder Menschenverstand ist immer gut!

Oben: *Dies ist die falsche Art, ein Würgehalsband anzulegen. Auf diese Art lockert sich das Halsband nicht, wenn der Hund mit dem Ziehen aufhört, so wird korrektes Verhalten nicht belohnt.*

Unten: *Richtige Art des Anlegens des Würgehalsbandes. Sobald der Hund nicht mehr vorwärts zieht, lockert sich die Halsung. Man achte, daß der Hund stets an der linken Seite geführt wird.*

AUSBILDUNG FÜR FORTGESCHRITTENE

Nun einiges über die weitere Ausbildung. Für den Rottweiler benutzt man eine kräftige Halskette, braucht eine etwa 1,20 m lange starke Lederleine, die mit einem Sicherheitskarabiner ausgestattet ist. Man achte auf unsere Abbildungen über die richtige und falsche Art, das Würgehalsband anzulegen. Es ist wichtig, daß das Halsband richtig verwendet wird, sonst lockert es sich nicht, wenn der Hund mit Ziehen aufhört.

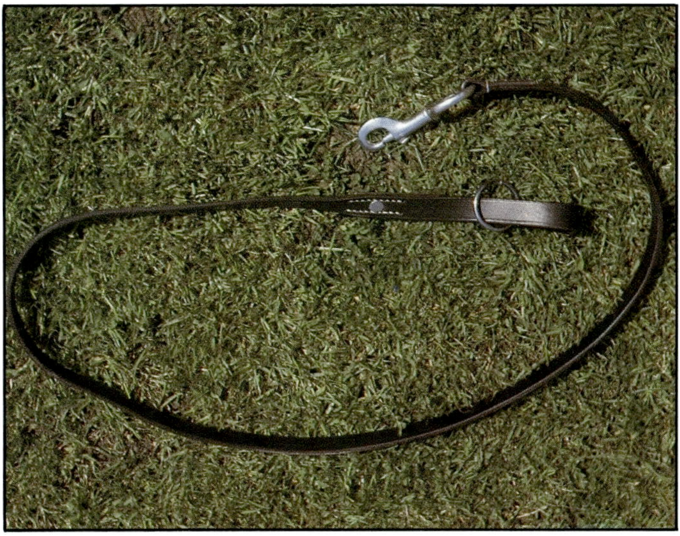

Oben: *Man nimmt stets eine kräftige Lederleine; genäht, zusätzlich durch eine Niete verstärkt und mit einem Sicherheitskarabiner ausgestattet.*

Bei der Ausbildung wird der Hund immer auf der linken Seite geführt, weil dies nach den internationalen Regeln der Gebrauchshundeprüfung nun einmal so vorgeschrieben ist.

Der Hund sollte immer bei Fuß gehen, dabei mit Kopf oder Oberarm – je nach seiner Schulterhöhe – parallel zum Knie des Führers. Die Leine muß lose durchhängen, das Würgekettenhalsband liegt bequem und locker am Hals. Reißt jetzt der Hund plötzlich nach vorn oder zur Seite, erhält er einen kräftigen, kurzen Leinenruck, wodurch sich die Kette plötzlich hart schließt. Dies muß immer eine fest zupackende Bewegung sein, da sich das Gewicht des Führers im Zurückreißen mit dem Gewicht des Hundes im Vorwärtsstürmen trifft und addiert. Niemals darf man nur Handgelenke oder Armmuskeln belasten, hinzu kommen muß die Kraft der menschlichen Schulter. Dieses plötzliche Packen der locker hängenden Leine und Halsung bewirkt beim Hund eine Art Schock, dabei sollte man stets diesen Ruck mit dem Kommando verbinden: »Rex! Fuß!« – Nie darf man das freudige Lob vergessen, wenn der Hund wieder in der richtigen Stellung angekommen ist.

Alles ist eine Frage der richtigen zeitlichen Reihenfolge – zu spät zurückreißen, wenn der Hund bereits den ersten Leinenruck hingenommen hat, nützt überhaupt nichts; ebenso unsinnig ist ständiges Rukken am Hundehals mit törichten kleinen Bewegungen. Ein wirklich kräftiger Gegenruck zeigt dem Hund, daß es wirklich keinen Sinn hat, an der Leine zu reißen. Wenn er sich richtig verhält, wird er stets tüchtig gelobt (vergleiche Seite 55). Muß man sich mit dem entgegengesetzten Problem befassen, daß der Hund nachhängt, geht man selbst bis zum Halsband zurück und ermuntert den Hund durch Lob. Man muß dieses Lob im Gespräch fortsetzen, etwa: »Auf, los, Rex, braver Rex, laß uns sehen, was da vorne los ist, komm Rex!« – Man beugt sich zum Hund herunter, ermuntert ihn, sich nach vorne zu bewegen. Ganz gleich was, alles, was den Hund jetzt nach vorne bringt, ist für diese Erziehung das Richtige. Nie, gar nie darf man hier Gewalt anwenden! Bei einem zurückhängenden Hund macht Strafe das Ganze immer schlimmer; man muß das Vertrauen des Hundes aufbauen, nicht niederknüppeln.

Hat sich der Hund erst einmal daran gewöhnt, richtig bei Fuß zu gehen, verbindet man dies mit einigen Übungen »Sitz!«. Man marschiert los, nachdem man zunächst dem Hund das Kommando gegeben hat: »Rex, Fuß!« Nach ein paar Schritten folgt das Kommando »Sitz!«, dabei drückt die Hand den Rumpf des Hundes nach unten, bringt ihn in die sitzende Stellung.

In diesem Alter wissen die meisten Hunde bereits die Bedeutung des Wortes »Sitz!«, jetzt möchte man aber, daß der

Oben: *Bei der Ausstellungserziehung lehrt man den Hund, für den Richter die richtige Haltung »Steh!« einzunehmen.*

Hund beim Anhalten sich auf das erste Kommando schnell setzt. Erzieht man seinen Hund auch für das Vorführen im Ausstellungsring, erfolgt beim Anhalten das Kommando »Steh! Bleib!«. Dabei nimmt man sich Zeit, den Hund zu lehren, wie er die richtige Haltung »Steh!« einnimmt, ein kleiner Leckerbissen hilft dabei. Einige Hundeführer setzen einen Fuß unter den Hundekörper, um ihm den Begriff »Steh!« zu vermitteln. Ich bin aber hier für eine sanftere Methode. Am besten zieht man das Kommando »Steeeh!« etwas länger – benutzt dabei auch keine groben Töne, das Wort muß eher ermunternd als unterdrückend wirken.

Ist man bei dieser Übung mit dem Hund zu grob, steht er im Ring wie ein Stück Reispudding, man sollte ihn aber munter und konzentriert vorführen. Möchte man seinen Hund später auf Ausstellungen präsentieren, sollte man ihm bereits in früher Jugend mit einem Lekkerbissen anstelle des Kommandos »Sitz!« den Begriff »Steh!« beibringen. Hat nämlich ein Hund erst einmal gelernt, daß er beim Einnehmen der Haltung »Sitz!« belohnt wird, ist es später sehr schwierig, ihn auf diese Art zum Stehen zu bringen – sein Hinterteil berührt nahezu ständig den Boden, was auf Ausstellungen für Hund wie Besitzer recht frustrierend sein kann.

Ist man beim Spaziergang draußen im freien Gelände, etwa im Park oder in den Feldern, sollte man immer ein paar Minuten damit verbringen, die Übungen »Sitz! Bleib!« und »Platz! Bleib!« dem Hund vertraut zu machen, ebenso das nach diesen Übungen Herangerufenwerden; dies alles, ehe man dem Hund das freie Auslaufen gestattet. Solche Übungen brauchen recht wenig Zeit, der freie Auslauf danach ist eine wunderbare Belohnung. Hat man den Hund gelehrt, sich auf das Kommando »Platz!«, ganz gleich, wo auch immer er sich befindet, sofort hinzulegen, kann ihm das Beherrschen dieser Übung einmal das Leben retten.

Um diese Übung den Hund zu lehren, muß der Hund natürlich schon das Kommando »Platz!« kennen. Man läßt ihn zuerst in der Stellung »Sitz! Bleib!«, geht etwa 20 Schritte von ihm weg, dreht sich um, schaut nach dem Hund, zählt bis fünf und ruft ihn dann heran. Ist der Hund ungefähr ein Viertel des Weges herangekommen, folgt das Kommando »Rex, Platz!« – man geht ein oder zwei Schritte auf den Hund zu, deutet mit der Hand auf den Boden. Dies alles erfolgt in recht zwingender Art – am besten stellt man sich vor, ein Bus nähere sich und drohe den Hund zu überfahren, wenn er weiter auf einen zukommt. Dies vermittelt der Stimme Kraft und Zwang, verstärkt beim Hund den Druck, zu gehorchen.

Zuweilen muß man das Kommando

mehrfach geben, vielleicht den Hund auch etwas näher kommen lassen. Legt sich der Hund zu Boden, geht man zu ihm und lobt ihn tüchtig. Hier aber eine Warnung! Diese Übung darf man nicht zu oft wiederholen, sonst wird der Hund beim zum Führer Kommen immer langsamer. Man übt dies in größeren Zeitabschnitten, aber dennoch regelmäßig, bis der Hund auf das Kommando »Rex, Platz!« wie ein Stein zu Boden fällt. Eine schwierige, aber sehr wertvolle Übung.

ZUSAMMENFASSUNG

Einen Fehler stelle ich immer wieder bei »Möchtegernerziehern« fest, nämlich das Herumkommandieren, wenn der Hund sich frei beim Spaziergang bewegt. Man sollte dies nach Möglichkeit unterlassen, sonst wird der Hund schnell unruhig, beginnt Kommandos zu überhören, weil unablässig auf ihn eindringt: »Rex hier! Pfui Rex!« u. s. w. Natürlich muß man seinen Hund, wenn notwendig, rufen, man sollte aber nicht in einem fort Kommandos erteilen. Man lasse seinen Hund in Ruhe schnüffeln, den Spaziergang genießen, halte aber stets die Augen für mögliche Gefahren offen, wie etwa einen erkennbar aggressiven Hund, Kühe, Pferde oder Schafe, zuweilen auch Personen, die einen flatternden Umhang tragen, der für einen jungen, unerfahrenen Hund bedrohlich genug aussieht, daß er ihn anbellen möchte. Man muß lernen, sich in die Gedanken des eigenen Hundes zu versetzen, ihm immer einen Schritt voraus zu sein.

Oben: *Auf Spaziergängen sollte man dem Hund freien Auslauf gewähren, keine unnötigen Kommandos erteilen.*

Man muß das feste Gefühl haben, daß man seinen Hund jederzeit unter Kontrolle hat. Hat man seine Erziehungsarbeit richtig durchgeführt, dann hat man seinen Hund auch unter Kontrolle.

Man sei immer positiv, voller Selbstvertrauen, entschieden, auch bereit für Spaß und Spiel. Niemals sollte man herumnörgeln, ängstlich sein oder gar die Kontrolle verlieren. Man muß lernen, seine Stimme so zu modulieren, daß sie direkte Botschaften überträgt, monotones Murmeln führt zu nichts. Man muß Gefühl in die Stimme legen, Galle oder Honig übermitteln!
Man muß Freude an der Ausbildung wie an seinem Hund haben. Braucht man Hilfe von erfahrenen Ausbildern, sollte man diese erbitten. Nie darf man sich scheuen, langsam voranzugehen oder auch einige Schritte zurück, seinen Hund ermuntern, sich aggressiv zu gebärden.

Kapitel vier

GESUNDHEITS-FÜRSORGE

Hüftgelenkdisplasie (HD)
Osteochondrose
Kreuzbandriß
Ansteckende Erkrankungen
Augenprobleme
Ohrmilben
Hautprobleme
Pfoten
Enzymmangel
Krebs
Magendrehung
Schutzimpfungen
Allgemeine Hinweise

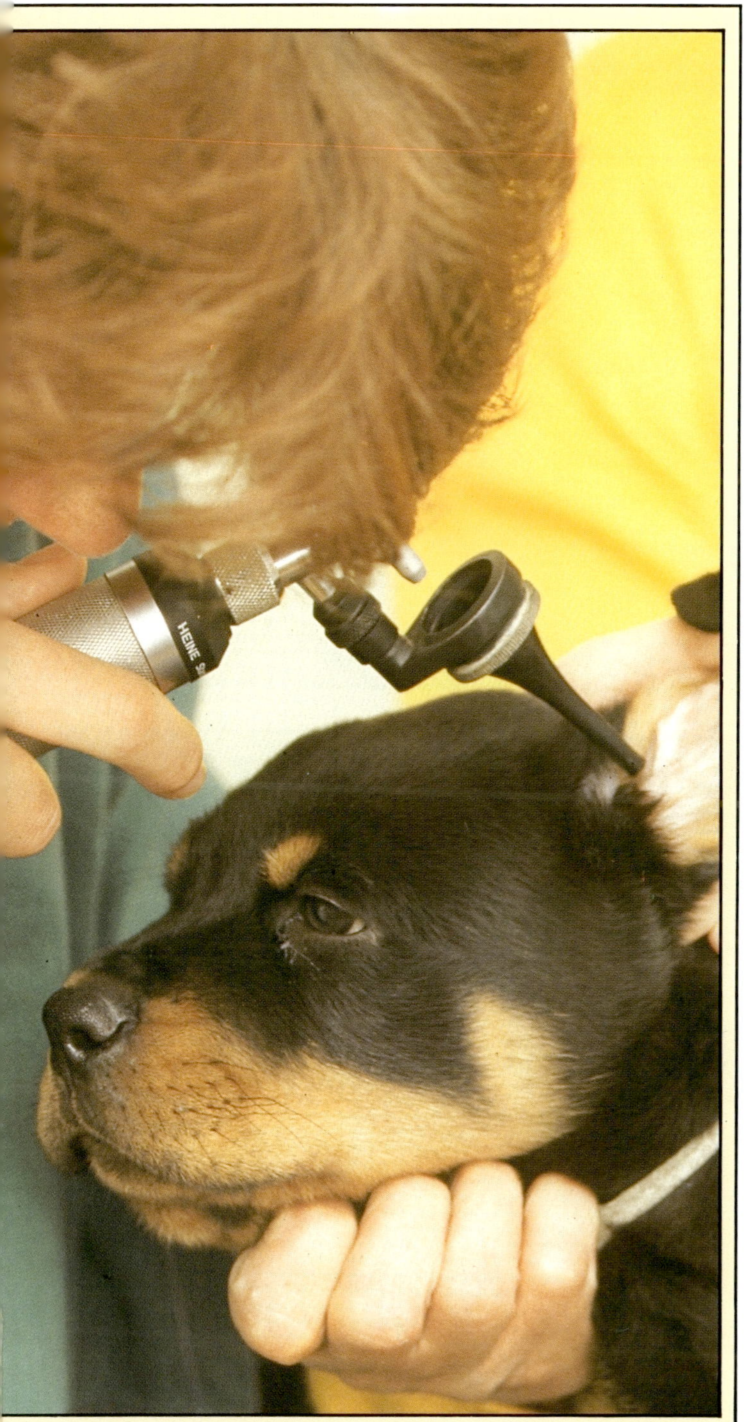
HEINE

HÜFTGELENKDISPLASIE (HD)

HD ist beim Rottweiler eines der größten Probleme. Es handelt sich um eine Mißbildung von Gelenk und Gelenkpfanne an der Hüfte – dabei ist die Pfanne des Hüftgelenks – oder um ihr den richtigen Namen zu geben, das Acetabulum, zu flach oder der Kopf des Oberschenkelknochens (Femur) mißgebildet; beides verursacht viele Schmerzen und im späteren Leben arthritische Erscheinungen. Diese Krankheit ist nach allgemeiner Auffassung zu 40 % erblich, daher meine dringende Mahnung, daß alle Zuchttiere nach dem im jeweiligen Land gültigen Hüftgelenkschema geröntgt werden sollten. Einzig und allein die Röntgenaufnahme ermöglicht eine Aussage über den Zustand der Hüften, am Bewegungsablauf kann man Fehler nur dann erkennen, wenn die Krankheit schon weit fortgeschritten ist. Kontrollaufnahmen erfolgen unter Vollnarkose im Alter von 18 Monaten. Nach englischem System gibt es eine Auswertungsskala von 0 bis zu einem Maximum von 53, je kleiner die Zahl, umso weniger Abweichung vom Idealzustand. Die Gesamtabweichung beider Hüften kann demnach zwischen 0 und 106 liegen. Eine Gesamtzahl von 0 bis 4 – an der einzelnen Hüfte nicht mehr als 3 – bedeutet HD-frei. Bei einer Gesamtzahl von 5 bis 8 (nicht mehr als 6 an der Einzelhüfte) bedeutet, daß man mit dem Hund zwar züchten kann, der Zuchtpartner aber eine bessere Zahl aufweisen sollte. Bei einer Zahl von über 8 sollte Zuchtverbot verhängt werden.

In den USA erfolgt die Kontrolle durch die »Orthopedic Foundation for Animals (O. F. A.)«, diese Organisation wertet die Röntgenaufnahmen aus, beurteilt, ob das Tier HD-krank ist oder nicht. HD-freie Tiere erhalten eine O. F. A. Registriernummer.

Auf dem Kontinent wird durch die Zuchtclubs – insbesondere durch den ADRK – eine röntgenologische Untersuchung mit zentraler Auswertung aller

Unten: *Röntgenaufnahme der Hüften eines von Displasie befallenen Hundes. Man achte auf das verformte Gelenk. Sorgfältige Zuchtwahl könnte dazu beitragen, diese Krankheit zu stoppen.*

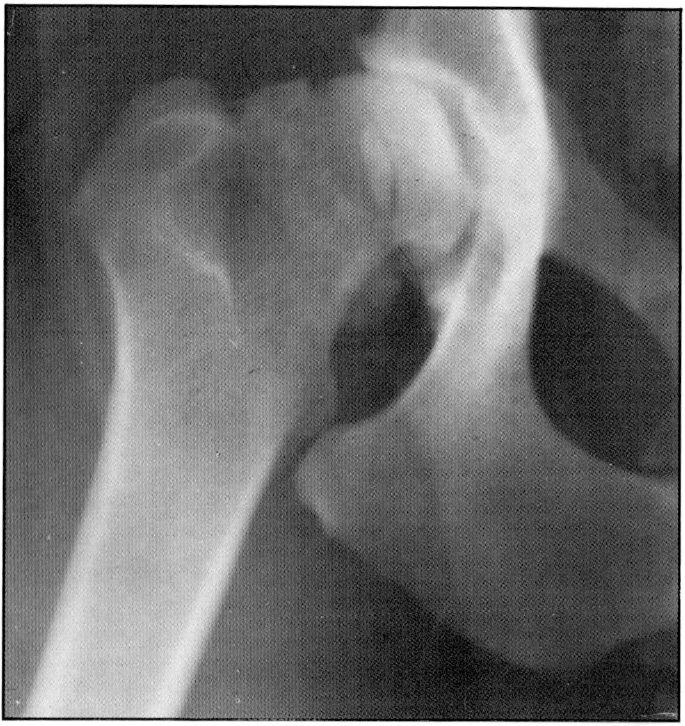

Hüftgelenksdisplasie

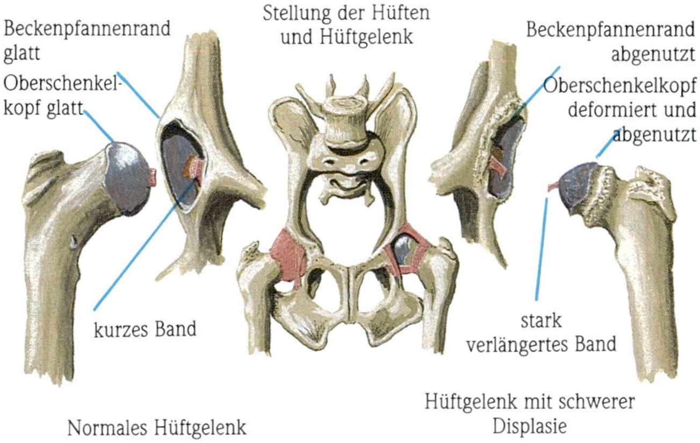

Oben: *Von unten gesehen mit nach hinten ausgestreckten Läufen; links Normalhüfte, rechts HD-Hüfte.*

Zuchttiere verlangt. Nähere Einzelheiten erfährt man beim ADRK.

HD ist eine Krankheit, die durch planmäßige Zuchtwahl und sorgfältige Aufzucht eingeschränkt werden kann, deshalb sollte man keinesfalls von Rottweilern züchten, die nicht den HD-Zuchtbestimmungen entsprechen. Kein Käufer sollte einen Welpen kaufen, ohne die offiziellen Kontrolluntersuchungen auf HD zu kennen.

Hat man aber das Pech, einen an HD leidenden Hund gekauft zu haben, gibt es heute chirurgische Eingriffe, die helfen können. Dabei wird der Femurkopf entfernt, in einigen Fällen kann der Verbindungsmuskel durchtrennt werden, der die Gelenkpfanne aus ihrer Lagerung zieht, beide Operationen vermindern die Schmerzen. Diese Operationsmethode ist aber nicht 100 % wirksam, es gibt heute schon Operationsmethoden, die sich als erfolgreicher erwiesen haben.

OSTEOCHONDROSE

Hierbei handelt es sich um eine andere orthopädische Erkrankung, deren Ursache zur Stunde noch nicht genau bekannt ist. Sie befällt Schulter, Ellenbogen, Knie- oder Sprunggelenk während der Wachstumsperiode. Dabei wachsen die Knorpel und verschieben sich manchmal in das Gelenk, verursachen starke Schmerzen; in der Regel bedarf es der Operation, um die Knorpelstücke zu entfernen.

Jede Lahmheit während der Jugend eines Hundes sollte vom Tierarzt kontrolliert werden. Tritt die Erkrankung auf, ist viel Ruhe wichtig, um den Schaden so klein wie möglich zu halten. Über die letzten Jahre hatten wir fünf Fälle, alle aus verschiedenen Würfen, in vier Fällen hatten die Besitzer der Junghunde Autos mit hohem Einstieg. Möglicherweise gibt es einen Zusammenhang zwischen dem Hochspringen auf hohe Autos und Osteochondrose.

KREUZBANDRISS

Hierbei handelt es sich um das Kreuzband, das durch das Knie verläuft; es kann abreißen oder überdehnt werden. Dabei bewegt der Hund den Hinterlauf in ganz spezifischer Art, die Zehen zeigen auf den Boden. Auch diese Krankheit verlangt eine Operation und zwar ziemlich rasch, ehe Folgeschäden das Ganze noch schlimmer machen. Nach der Operation muß der Hund sehr sorgfältig gepflegt, auch zum Lösen ständig an der Leine geführt werden, man darf ihm keinerlei weitere Bewegung ermöglichen, bis der Lauf wieder gekräftigt ist. Es scheint einige Blutlinien zu geben, in denen diese Krankheit häufiger auftritt. Meine eigene Theorie geht dahin, daß die Krankheit häufiger bei den sehr kurzrückigen eng zusammengeschobenen Hunden mit wenig Hinterhandwinkelung auftritt.

Ich selbst hatte über all die Jahre nur zwei Fälle: Der erste betraf meinen allerersten Rottweiler, der neunjährig von einem sehr schnell laufenden anderen Rottweiler seitwärts umgeworfen wurde. Es war ein Zusammenprall der Körper, mein Hund ging anschließend lahm; er wurde sofort operiert und hat sich völlig erholt. Der zweite Fall war eine Hündin, acht Jahre alt, sie übersprang einen Graben und kam sehr schlecht auf. Auch bei ihr riß das Kreuzband, aber auch sie erholte sich nach der Operation vollständig.

ANSTECKENDE ERKRANKUNGEN

Leptospirose, Hartballenkrankheit, Staupe, Hepatitis und Parvovirose sind die fünf großen Killerkrankheiten für alle Hunderassen. Es ist lebenswichtig, daß alle Hunde im Alter von 12 Wochen geimpft werden, die Impfung jährlich aufgefrischt wird.

Übelkeit, Durchfall (mit einem Geruch, den man nie vergessen kann) und Abgespanntsein müssen sofort vom Tierarzt behandelt werden, wenn der Hund irgendeine Chance zum Überleben haben soll. Dies sind die Hauptsymptome für Parvovirus. Man kann sich kaum vorstellen, wie schnell sich ein gesunder Junghund in ein ausgetrocknetes sterbendes Skelett verwandelt – in nur zwei bis drei Tagen! Bitte, bitte! Niemand sollte je den Wert der Schutzimpfungen gegen diese tödliche Krankheit unterschätzen.

AUGENPROBLEME

Entropium – nach innen sich drehende Augenlider findet man in der Regel bei Hunden mit tiefliegenden Augen und zuviel loser Haut rings um den Kopf. Entropium verursacht Schmerzen, kann sogar zu einer Vereiterung des Auges führen. Deshalb sollte man den Tierarzt um Rat fragen, das Auge operieren lassen. Ignorieren hat keinen Zweck, von alleine löst sich das Problem nicht. Es handelt sich um eine erbliche Veranlagung, deshalb sollte man von befallenen Tieren nie züchten.

Bindehautentzündung (Konjunktivitis) ist eine Infektion, die zu gelbem Augenausfluß führt. Vom Tierarzt erhält man Augentropfen mit Antibiotika, dadurch ist das Übel schnell beseitigt.

OHRMILBEN

Bräunliche Ohrsekrete sind in der Regel ein Anzeichen für Ohrmilben. Diese jukken stark, insbesondere bei Hitze. Es hat keinen Zweck, irgendwelchen Puder in das Ohr zu streuen, man sollte sich vom Tierarzt das richtige Medikament besorgen, dies sorgfältig anwenden. Am besten überprüft man auch seine Katzen, denn auch diese werden von Ohrmilben befallen und können den Hund wieder anstekken.

HAUTPROBLEME

Ekzeme können von Flöhen ausgelöst werden, dabei beißt sich der Hund an der Schwanzwurzel, verursacht dadurch große, rohe, nässende Flecken. Zunächst bekämpft man die Flöhe, benutzt hierfür ein Spezialspray für Hund, Teppiche, Hundelager und so weiter. Flöhe leben und vermehren sich auch im Umfeld, brauchen zum Fressen nur auf den Hund zu springen. Man badet den Hund mit ei-

Unten: *Entropium – nach innen drehende Augenlider – können beträchtliche Schmerzen bereiten, erfordern meist eine Operation.*

Augenentropium

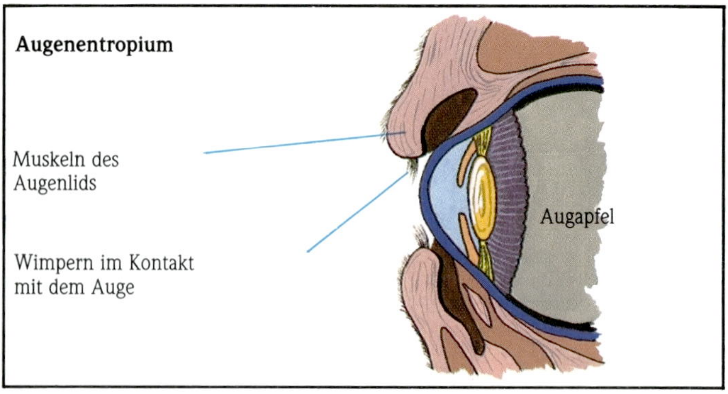

nem guten Antiflohshampoo, bestreicht das Ekzem dann mit veilchenblauem Enzian – dies schmeckt scheußlich, beißt heftig, stoppt aber das Kratzen und trocknet die nässenden Wunden.

Manchmal entwickeln sich aus Spielkratzern im Gesicht Ekzeme – wiederum verwendet man Enzian blau oder beschafft sich vom Tierarzt eine geeignete Salbe.

Räude ist gleichfalls eine Krankheit zur Behandlung durch den Tierarzt. Ein Hautgeschabsel wird entnommen, um sicherzustellen, ob es sich dabei um eine Sarkoptis- oder eine Demodex-Räude handelt; beide erfordern Bäder und sehr sorgfältige Behandlung. Bei Rottweilern tritt Räude ziemlich selten auf. Ein altes Heilmittel ist Getriebeöl mit Schwefel. Hierzu entnimmt man gebrauchtes Getriebeöl, mixt es mit gelbem Schwefelpuder und bedeckt alle befallenen Bereiche gut bis über die Ränder der kahlen Stellen. Man muß den Hund so unterbringen, daß er sich weder an Möbeln scheuern, noch Tapeten ruinieren kann, weil es sehr schmiert. Behandelt man den Hund über drei Wochen täglich, tut eine solche Behandlung wahre Wunder. Um sicher zu sein, sollte man eine solche Kur nur unter tierärztlicher Kontrolle durchführen.

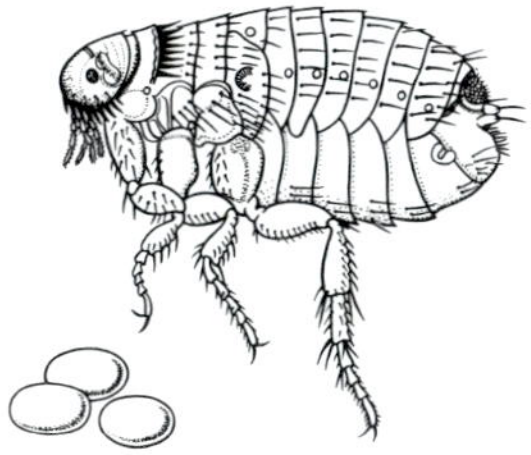

Hundefloh
(Ctenocephalides canis)

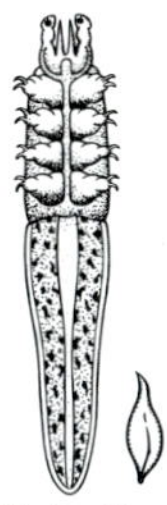

Follikelmilbe
(Demodex canis)

Oben: *Zwei äußere Parasiten mit ihren Eiern. Sie sind zu klein, um gesehen zu werden, aber ihre Wirkung auf den Hund sind sehr unangenehm.*

Unten: *Allergische Reaktionen können zu Juckreiz an den Pfoten führen. Man darf Hunden nicht gestatten, daran zu lecken.*

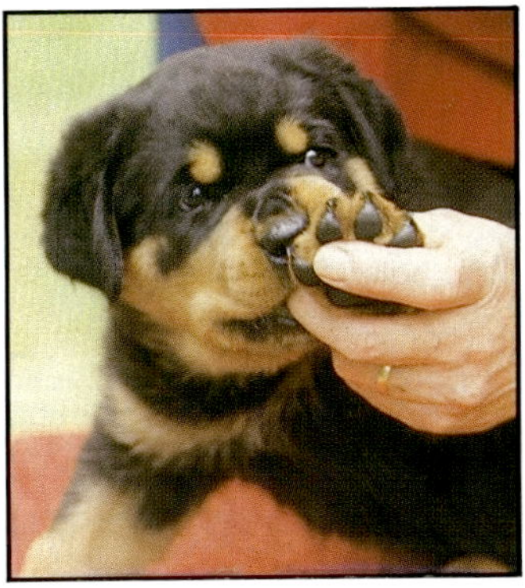

PFOTEN

Bei einigen Rottweilern tritt Juckreiz an den Pfoten auf, sie beißen und kauen daran, bis die Ballen nur noch rohes Fleisch sind. Ich glaube, daß meine eigenen Hunde gegen einige Teppichreinigungspulver allergisch reagieren. Ich habe sie alle mit einem Produkt namens »Bitter Apple« geheilt, das sie von jedem weiteren Kauen sofort abhält.

ENZYMMANGEL

Einige Rottweiler entwickeln in der Bauchspeicheldrüse nicht genügend Enzyme, dadurch nehmen sie nicht normal zu, haben leichten Durchfall und können kein Fett verdauen. Treten solche Symptome auf, bringt man eine Stuhlprobe zur Analyse zum Tierarzt. Diese Krankheit kann dadurch kontrolliert werden, daß man der Nahrung eine Verdauungshilfe beifügt.

KREBS

Dies ist eine Erkrankung, die diese Rasse zuweilen befällt. Bei diagnostiertem Krebs ist meine Empfehlung, dem Hund einen sanften Tod zu gewähren, ehe er von Schmerzen schwer geplagt wird. Nach meiner Erfahrung verlaufen Behandlungen nur sehr selten erfolgreich.

Ich kann es nicht ertragen, einen Hund langsam und voller Schmerzen sterben zu lassen. Es ist barmherziger, mit etwas Hilfe aus der Spritze des Tierarztes seinen Hund ruhig in den eigenen Armen einschlafen zu lassen.

MAGENDREHUNG

Überfütterung, insbesondere mit Trokkenfutter, kann dazu führen, daß sich der Magen umdreht, anschwillt und der Hund hierdurch stirbt. Ein gutes Hausmittel ist, einem stark aufgeblähten Hund ein walnußgroßes Stück einfaches Waschsoda einzugeben. Erbricht der Hund innerhalb von ein paar Minuten, dann handelt es sich nicht um Magendrehung, wird es dem Hund aber nicht übel, muß man sehr schnell zum Tierarzt eilen. Es gibt nur eine chirurgische Heilung, dabei geht es um Sekunden, wenn das Leben des Hundes gerettet werden soll.

SCHUTZIMPFUNGEN

Rottweiler sind gegen Parvovirose besonders anfällig (siehe Seite 68). Deshalb muß man sich immer vergewissern, daß die Schutzimpfungen rechtzeitig erfolgen. Meine Welpen erhalten mit sechs Wochen eine erste Parvoimpfung – nur für den Fall, daß irgendein Welpe vorzeitig die durch die Muttermilch ausgelöste Immunität verloren hat. Im Alter von zwölf Wochen erhalten sie dann die großen fünf – Staupe, Hartballenerkrankung, Leptospirose, Hepatitis und Parvo-Impfungen. Vier Wochen später die zweite Dosis, zwei Wochen später lasse ich durch

Unten: *Nie sollte man das Leben seines Hundes riskieren, indem man lebensnotwendige Schutzimpfungen vernachlässigt. Rottweiler sind gegen Parvovirose anfällig, diese kann tödlich verlaufen.*

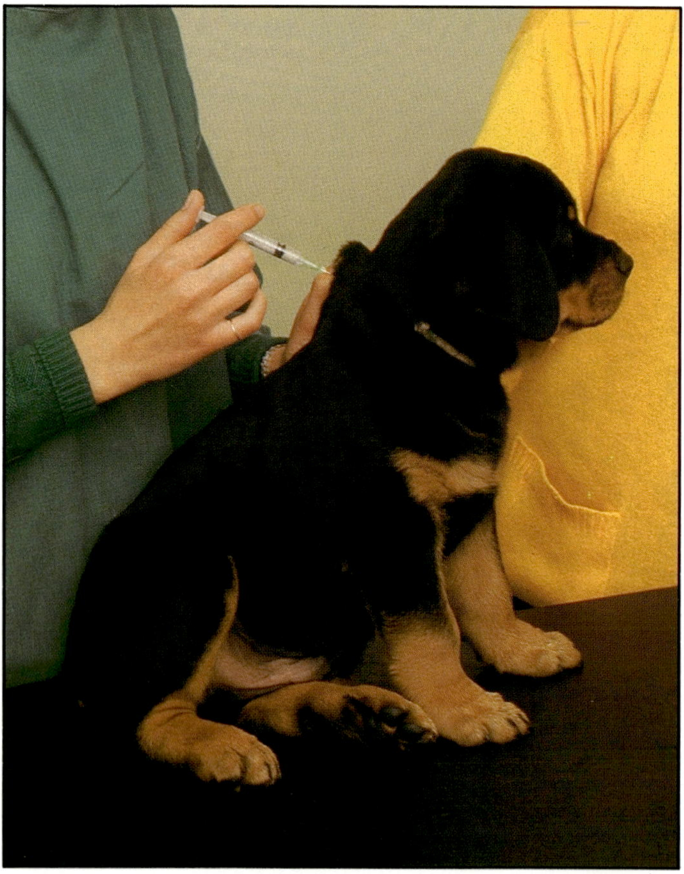

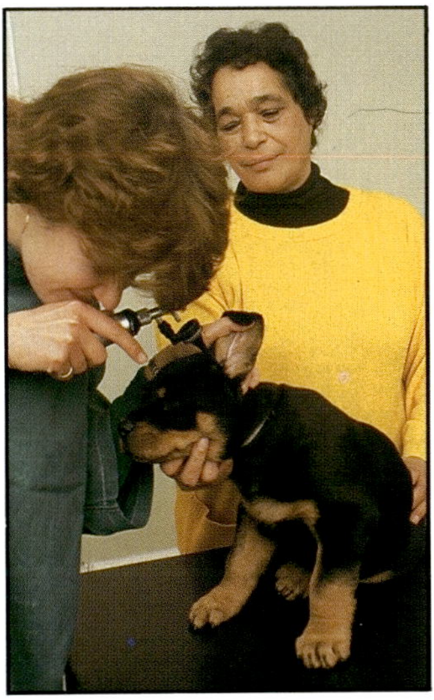

Oben: *Frühzeitig gewöhnt man den Hund daran, vom Tierarzt angefaßt und behandelt zu werden; niemals darf man aggressives Verhalten erlauben.*

den Tierarzt einen Bluttest durchführen, um sicher zu sein, daß der Parvospiegel hoch genug ist. Vorher nehme ich die Hunde nicht vom Grundstück, setze sie keiner Infektionsgefahr aus. Es ist bekanntgeworden, daß Welpen trotz mehrerer Parvoimpfungen keine Immunität aufwiesen, deshalb ist der Bluttest der einzige sichere Weg.

Einige Welpen haben einen so hohen Grad mütterlicher Immunität – die von der Mutter über die Kolostralmilch, die Milch des ersten Tages, übertragen wird – daß dadurch die Impfung nicht angeht. Ist dann die mütterliche Immunität völlig verschwunden, ist das Jungtier ungeschützt, selbst wenn es mehrere Impfungen hatte. Möglicherweise sieht dies der Tierarzt nicht so, man sollte trotzdem auf dem Bluttest bestehen. Es ist eine sehr einfache Methode, ohne Schmerzen. Im ersten Jahr ist es ratsam, einen jeweils sechs Monate haltenden Parvoschutz zu geben, danach ist diese Impfung in der Kombinationsimpfung gegen die fünf Killerkrankheiten erhalten. Gute Tierärzte senden jährlich ihren Patienten eine Erinnerung; dies ist eine lebensrettende Maßnahme, die wenig kostet.

In den USA werden von allen Staaten Tollwutschutzimpfungen verlangt, in Europa sind solche Impfungen ebenfalls dringend erforderlich. Man kann Welpen mit drei Monaten erstmals impfen, dies gibt Schutz für ein Jahr, auch diese Impfung muß jährlich erneuert werden.

ALLGEMEINE HINWEISE

Von Grund aus ist der Rottweiler eine ziemlich gesunde Hunderasse, man muß sich aber immer erinnern, daß Vorsicht besser als Heilung ist. Regelmäßig wird der Hund auf Parasiten kontrolliert, beim Spaziergang sollte man immer seinen gesunden Menschenverstand walten lassen. Nie darf man Jungtiere fett machen, man sollte sie schlank halten, gut füttern, aber nicht überfüttern. Stets sollte man die Augen offenhalten, seinen Hund gut kennen, bereits eine leichte Verhaltensänderung könnte ein Schmerzanzeichen sein. Man kann sich mit seinem Tierarzt anfreunden, Hund wie Herr. In der Regel braucht man den Tierarzt nicht oft zu besuchen, aber wenn, sollte man alle Symptome klar aufzeigen.

Gesundheitscheckliste

a) Gut füttern, aber nicht überfüttern, damit der Hund nicht fett wird.

b) Keine Süßigkeiten! Belohnungen bei der Erziehung sind kleine, hartgebakkene Hundekuchen, kleine Stücke Leber, die sich außerordentlich gut bewährt haben.

c) Man sollte immer sowohl den Verstand wie auch den Körper seines Hundes üben.

d) Der Impfschutz muß laufend aufrecht erhalten werden.

e) Nie darf man irgendwelche Krankheitssymptome ignorieren.

f) Treten Probleme auf, sollte man beim Züchter oder Tierarzt Rat einholen.

g) Man achte immer auf Parasiten, Flöhe, Läuse und Wurmbefall. Treten sie auf, müssen sie sofort bekämpft werden.

h) Man achte darauf, daß die Krallen nie zu lang wachsen, rechtzeitig gekürzt werden.

Die Beziehung zu jedem Hund ist in erster Linie eine Frage des gesunden Menschenverstandes und etwas Spezialwissens. Ich hoffe, daß jeder Rottweiler-Besitzer bereits über gesunden Menschenverstand verfügt, und ich in dieser kleinen Tabelle zumindest ein wenig »know how« übermitteln konnte.

Kapitel fünf

ZUCHT

Auswahl einer Zuchthündin
Auswahl des Rüden
Paarung
Wurf
Die ersten Wochen

AUSWAHL EINER ZUCHTHÜNDIN

Würde jeder einen Wurf züchten, »weil es für die Hündin gut ist«, würden wir knietief durch junge Hunde waten. Es gibt genau umrissene Gründe, die das Züchten mit einer Hündin rechtfertigen. Sie muß ein wirklich rassetypisches Exemplar sein; sie muß erstklassiges Wesen haben, muß entsprechend den Regeln geröntgt sein und einwandfreie Hüften haben. Auch dann sollte man nur züchten, wenn der Züchter genügend Zeit hat, um sich um die Welpen zu kümmern, Geld, um sie richtig aufzuziehen und Platz, um sie zu halten. Oft werden Welpen nicht vor einem Alter von drei bis vier Monaten zu verkaufen sein, in diesem Alter fressen sie eine ganze Menge, brauchen Schutzimpfungen, persönliche Betreuung und müssen mit ihrer Umwelt vertraut gemacht werden.

Man muß jederzeit in der Lage sein, eigene Welpen wieder ins Haus zurückzuholen, wenn sie umgesetzt werden müssen. Der Züchter ist dafür verantwortlich, daß ein Hund auf die Welt kam, deshalb muß er darauf vorbereitet sein, wenn notwendig, stets zu helfen. Der Züchter muß in der Lage sein, seine Abnehmer über alle Gesichtspunkte von Aufzucht und Erziehung zu beraten, muß jederzeit telefonisch zu erreichen sein, wenn man seine Hilfe braucht. Viele züchten Hunde des Geldes wegen. Wird die Zucht aber richtig durchgeführt, steckt nicht viel Profit darin. Die meisten fürsorglichen Züchter, wie ich selbst, müssen dafür arbeiten, um die Kosten der Hundehaltung zu decken.

Unten: *Zuchtrüde mit seinen sieben Wochen alten Welpen. Man muß wissen, wann die Sozialisation ernsthaft beginnen kann, die hier durch das Vorbild des Rüden außerordentlich begünstigt wird.*

Bei mir ist Grundlage meiner Hundehaltung meine Arbeit für Film und Fernsehen, eine andere Züchterin ist Nachtschwester, ein weiterer arbeitet in einer Garage als Bedienung an der Tanksäule. Man kann leicht sehen, Rottweilerzucht ist kein Weg zum Reichtum!

Den Wurfzwinger muß man sehr gut isolieren, so daß er absolut zugfrei ist, bedarf einer Heizmöglichkeit über oder unter dem Wurflager. Bei sehr kaltem Wetter braucht man möglicherweise eine komplette Raumheizung, denn neugeborene Welpen erkälten sich leicht, sterben sehr schnell. Dies alles verursacht Kosten!

Aber zurück zum Anfang. Der neue Züchter hat eine Qualitätshündin aus guter Zucht mit gutem Wesen, sie wurde geröntgt, kein HD-Befall. Er kennt die Verantwortung eines Züchters und ist bereit, die Jungtiere solange bei sich zu halten, bis er sie wirklich in verantwortliche Hände abgeben kann. Er hat auch die Grundausrüstung für die Zucht, weiß genügend Bescheid, um die Welpenkäufer fachgerecht zu beraten.

Oben: *Ein Blick in den Wurfzwinger, man beachte, wie sauber alles gehalten werden muß. Jede Hündin braucht ihren eigenen Zwinger für sich, das Innere der Box sieht man auf Seite 78.*

AUSWAHL DES RÜDEN

Wo findet man jetzt den besten Rüden für die Hündin? Besitzt man einen eigenen Rüden, ist die Versuchung, diesen oder den Rüden des nahe wohnenden Freundes zu verwenden recht groß. Mein Rat lautet: nein! Es ist sehr selten, daß man selbst oder der Nachbar einen Rüden besitzt, der wirklich zur Hündin sowohl in der Anatomie als auch in der Blutführung und allen anderen Einzelheiten paßt. Viel besser besucht man einige Monate vor der Paarung eine Reihe von Hundeausstellungen, schaut sich möglichst viele Hunde an, lernt das Wesentliche über den korrekten Rottweilertyp. Man sucht auch angesehene Züchter auf, sieht sich ihre Zuchtrüden an und vergleicht vor allen Dingen die Ahnentafel der eigenen Hündin mit all diesen Hunden. Natürlich muß man die Fehler und Vorzüge der eigenen Hündin kennen, danach weise wählen. Es ist von größter Wichtigkeit, daß der Zuchtrüde einwandreie Hüften hat, man erkundige sich auch nach dem Hüftzustand seiner Eltern und Großeltern. Je besser man den Hintergrund überschaut, desto wahrscheinlicher haben die eigenen Welpen gute Hüften. Der Zuchtrüde muß einen absolut guten Charakter aufweisen. Kann man einen Rüden nicht anfassen, sollte man das Schlimmste vermuten, denn viele Leute versuchen schlechtes Wesen mit einer Fülle von Ausreden zu verschleiern. Man hüte sich vor solchen Hunden, ein Hund mit guten Wesen läßt sich anfassen!

Es ist vernünftig, ein paar Wochen, ehe die Hündin in Hitze kommt, einen Scheidenabstrich machen zu lassen. Es ist erstaunlich, wie viele Hündinnen eine B. H. S.-Infektion (beta haemolytic streptococcus – Streptokokkeninfektion) haben. Dies kann zu schwächlichen, auch sterbenden Welpen führen, auch zu frühzeitigem Abortus. Mit dem richtigen Antibiotikum läßt sich eine solche Infektion meist behandeln. Meine eigenen Rüden lasse ich gleichfalls regelmäßig untersuchen, weil eine von ihnen gedeckte Hündin sie möglicherweise infizieren könnte. Die eigene Hündin sollte man auch auf Hakenwürmer untersuchen lassen.

Man muß bereit sein, erforderlichenfalls auch eine weitere Reise zu unternehmen. Nie sollte man den am nächsten wohnenden Rüden auswählen, nur weil er eben sehr bequem zu erreichen ist.

PAARUNG

Hat man den richtigen Rüden ausgewählt, vereinbart man mit dem Rüdenbesitzer die Paarung für die nächste Hitze. Die Deckgebühr beträgt in der Regel den Preis eines Welpen, dies ist aber von Land zu Land und je nach Qualität des Rüden recht verschieden. Man vergewissere sich, daß man die Deckgebühr im voraus kennt, normalerweise ist sie am Decktag fällig; einige Rüdenbesitzer akzeptieren auch anstelle des Deckgeldes einen sieben Wochen alten Welpen aus dem Wurf.

In der Regel versucht man es mit der Paarung etwa am 10. Tag nach der ersten Blutung – dies ist für einige Hündinnen zu früh, aber andere haben zu dieser Zeit den Eisprung; man muß aber wissen, daß der richtige Tag von Hündin zu Hündin sehr verschieden ist. Stellt sie sich dem Rüden nicht, versucht man es nochmals am 12. Tag, und nochmals am 14. Tag. Ist eine Hündin deckbereit, läßt sie sich vom Rüden die Scheide gerne belecken, legt die Rute zur Seite. Einige Erstlingshündinnen lieben solches Vorspiel, schnappen aber nach dem Rüden, wenn er versucht, aufzusteigen. Jetzt muß der Rüdenbesitzer (in der Regel ein erfahrener Züchter) entscheiden, ob es sich um eine Hündin des Typs »Rühr mich nicht an« handelt, ob sie noch nicht paarungsbereit oder schon jenseits der richtigen Zeit ist. Nach meiner Erfahrung sagen es mir stets meine Rüden durch ihr Verhalten, ob eine Hündin paarungsbereit ist oder nicht. In manchen Fällen ist eine Hündin nur paarungswillig, wenn der Besitzer nicht zuschaut.

Es klingt bestimmt töricht, aber es gibt Hündinnen, die so auf den Menschen geprägt sind, daß sie trotz ihres Instinkts meinen, es sei ungezogen, sich solche Freiheiten zu erlauben.

Es ist sehr wichtig, daß der Rüde die

Oben: *Die Hunde werden durch eine spielerische Begegnung miteinander vertraut gemacht.*

Mitte: *Die Hündin signalisiert ihre Paarungsbereitschaft, indem sie dem Rüden ihr Hinterteil präsentiert.*

Unten: *Der Rüde besteigt die Hündin, nach der Paarung kommt es zum »Hängen«, da der Penis in der Vagina stark angeschwollen ist.*

Rechts: *Nach der Paarung – während des Hängens – dreht sich der Rüde über dem Rücken der Hündin. Dies kann Erstlingshündinnen erschrecken, deshalb sollte man sie fest am Halsband halten.*

Unten: *In der Paarungsstellung verbleiben die Hunde zwischen 5 und 45 Minuten. Man sollte sie festhalten, nicht dabei herumlaufen lassen.*

Hündin umwirbt. Etwas Vorspiel stimuliert die Hündin, zuviel ermüdet den Rüden, so sollte man sie eben gerade sich gegenseitig kennenlernen lassen. Besteigt der Rüde dann die Hündin, hält man sie am Halsband fest, so daß sie sich nicht drehen, im kritischen Moment nicht zuschnappen kann. Ein festes Lederhalsband ist wichtig, eine dünne Würgekette ist nicht stabil genug, um die Hündin zu kontrollieren. Hat sich der Rüde erst mit der Hündin vereint, schwillt innerhalb der Vagina der Penis stark an, es kommt zum »Hängen«; dadurch können sich die Hunde nicht trennen, bis der Penis wieder abgeschwollen ist. Besonders Erstlingshündinnen können sich hierdurch erschrecken, deshalb ist es wichtig, sie festzuhalten und nicht zu erlauben, sich loszureißen, sonst könnten Hündin wie Rüde Schaden erleiden. Der Rüde steigt mit dem Hinterlauf über die Hündin ab und dreht sich, bis die Hunde Po an Po stehen. Es kann zwischen 5 und 45 Minuten dauern, bis das »Hängen« vorbei ist. Es ist sehr ratsam, beide dabei festzuhalten, oft versuchen sie, in dieser Stellung umherzulaufen, was für beide recht unbequem ist.

Trennt sich das Paar, fließt einige Flüssigkeit aus der Hündin. Kein Anlaß zur Unruhe, dies ist nur eine wässrige Flüssigkeit, der wirkliche Samen ist schon auf dem richtigen Weg zu seinem Ziel. Es gibt überhaupt keinen Sinn, die Hündin an den Hinterläufen wie eine Schubkarre zu halten, wie ich es bei einigen beobachtet hatte, oder noch schlimmer, daß der Hündinnenbesitzer versucht, mit der Hand die Scheide der Hündin »zu versiegeln«.

Es ist ratsam, mit 48 Stunden Abstand zweimal decken zu lassen. Dies vergrößert die Wahrscheinlichkeit der Befruchtung, da die Spermien zumindest 24 Stunden befruchtungsfähig sind; so wird zumindest eine Vier-Tage-Periode der Ovulation abgedeckt.

WURF

Bis man die Trächtigkeit der Hündin sieht, also nach ungefähr 5–6 Wochen, wird sie völlig normal behandelt, etwas zusätzliches Kalzium und Vitaminpräperate sollten angeboten werden. Später erhält sie kleinere Mahlzeiten, wird zunächst zweimal, später dreimal täglich gefüttert. Man vergewissere sich, daß das Futter alle Nährstoffe enthält, darf die Hündin aber keinesfalls fett füttern. Spaziergänge verlaufen ruhiger, meist will sie nicht mehr herumtoben, so sollte man sie ihr eigenes Tempo wählen lassen, das sie fit hält.

Der Wurfraum muß fertiggemacht, die Wurfbox aufgestellt werden. Man sollte die Hündin bereits ermuntern, sich in diesem Bereich aufzuhalten, in der Wurfkiste zu schlafen. Einige tragende Hündinnen graben tiefe Löcher, hier arbeitet der Nestbauinstinkt. Man sollte sie nicht auszanken, wenn sie Blumen ausgräbt – die innere Stimme, die sie hierzu anleitet, ist sehr stark, man darf sie nicht aufregen. Das beste ist, man pflanzt ein paar Blumen mehr an und sieht die Dinge aus dieser Perspektive.

Wenn der 63. Tag näher kommt, sieht man meist etwas weißen Schleim aus der Scheide abgehen, dies ist völlig normal, kein Grund zur Beunruhigung. Am Tage vor dem Wurf fällt in der Regel die Körpertemperatur der Hündin von 38 °C über 37 °C bis 36,5 °C, jetzt macht sie sich auch an den Nestbau. Einige Hündinnen verweigern am Tag vor dem Wurf die Nahrung, aber Rottweiler sind oft so futterfreudig, daß sie normal durchfressen.

Zur Vorbereitung der Geburt braucht man ein Desinfektionsmittel, saubere Tücher, Schere und eine Menge sauberes Zeitungspapier, außerdem einen großen Pappkarton und eine Wärmflasche, falls man beides für die Welpen benötigt. Es ist immer richtig, den Tierarzt zu informieren, wenn man einen Wurf erwartet, dadurch kann er sich für den Notfall bereit-

halten. Außerdem habe ich immer eine Büchse Welpenmilch und eine Babyflasche mit Sauger, falls die Milch bei der Hündin spät einschießt oder sie bei einem großen Wurf Hilfe in der Welpenfütterung braucht.

Naht die Stunde Null, wird die Hündin ruhelos, keucht, kratzt ihr Lager auf, dreht sich rund und beobachtet stets ihr Hinterteil; dazwischen liegen Ruheperioden. Es ist jetzt wichtig, nicht nervös zu werden, man setzt sich ruhig neben sie, spricht ihr gut zu, mit einer Stimme voller Selbstvertrauen, beobachtet und wartet. Keinesfalls sollte man Nachbarn zur Besichtigung einladen, auch nicht umherlaufen und unruhig sein – es handelt sich um ein völlig normales Naturereignis. Die kleine werdende Mutter wird schon alles richtig machen, solange man sie nicht selbst beunruhigt. Das erste Anzeichen des ersten Welpen sind einige starke Preßwehen der Hündin, darauf folgt bald entweder ein erster Teil der Fruchtblase oder der Welpe selbst. Die meisten Hündinnen gebären ihre Welpen leicht, einige werden mit dem Hinterteil zuerst geboren, ganz selten muß man aber die Hinterläufe des Welpen mit einem sauberen Tuch fassen, man wartet bis zur nächsten Preßwehe und hilft mit der Wehe sanft dem Welpen auf die Welt. Die meisten Rottweilergeburten sind verhältnismäßig leicht, aber ein wichtiger Erfahrungssatz lautet, daß es nie länger als drei Stunden zwischen den einzelnen Welpen dauern sollte, wenn die Hündin Wehen hat. Ist dies doch der Fall, spricht es für Probleme; man sollte den Tierarzt rufen.

Ist der Welpe geboren, durchtrennt die Hündin die Nabelschnur, frißt die Nachgeburt und reinigt den Welpen. Manchmal wissen Anfängerhündinnen hier nicht so recht Bescheid, dann muß der Züchter die Nabelschnur entweder mit den Fingernägeln abquetschen (weniger Blutung) oder nach Abbinden der Nabelschnur diese mit einer sterilisierten Schere durchschneiden. Der Welpe wird mit einem sauberen Tuch frottiert, zuvor schüttelt man ihn nasenabwärts, um den Schleim aus den Atmungsorganen zu entfernen, dann gibt man das Jungtier der Mutter zurück. Zeigt sich diese nicht interessiert, wird der Welpe in den Karton mit sauberen Tüchern auf einer Wärmflasche gelegt, warmgehalten. Im allgemeinen akzeptiert die Hündin ihre Welpen, wenn sie erst mit der Geburt fertig ist. Manchmal muß man ihr ein festes Kommando geben, daß sie sich legt und ihre Welpen säugt, aber im allgemeinen beruhigt sie sich schnell, wenn man sich nicht zu viel einmischt. Neugeborene Welpen brauchen Wärme und Nahrung, sie können ohne Stimulanz weder urinieren noch Kot absetzen, das ist der Grund für das ständige Lecken der Mutter.

Links: *Man gewöhne die tragende Hündin rechtzeitig an die Wurfkiste und achte auf die Distanzleiste; diese verhindert, daß die Hündin versehentlich ihre Welpen zwischen Rücken und Kistenrand quetscht.*

DIE ERSTEN WOCHEN

Für die ersten Tage braucht die Hündin leichte Milchsuppen mit geschlagenen Eiern und wenig Zeralien. Es ist kein Grund zur Beunruhigung, wenn sie schwarzen Stuhlgang hat, dies kommt durch das Auffressen der Nachgeburten, die eisenreich sind. Man muß dafür sorgen, daß sie immer Wasser zu trinken hat – säugende Hündinnen brauchen viel Flüssigkeit. Wachsen die Welpen heran, muß die Futtermenge vermehrt, die Milchproduktion gesteigert werden. Einige meiner Hündinnen brauchen die dreifache Futtermenge gegenüber normal, verteilt über 2–3 Mahlzeiten, wenn sie ihre Welpen säugen. Es ist immer ratsam, nach der Geburt die Hündin vom Tierarzt überprüfen zu lassen, sicherzustellen, daß keine Welpen oder Nachgeburten steckengeblieben sind. Dies würde schnell zu starkem Fieber führen, große Schwierigkeiten auslösen.

Unten: *Im späteren Säugestadium säugt die Mutterhündin ihre Welpen stehend.*

Oben: *Muttermilch ist das beste für Welpen, gibt ihnen alle lebenswichtigen Nährstoffe.*

Bei diesem Besuch sollte man den Tierarzt bitten, die Welpen auf Mißbildungen zu prüfen, etwa auf Spaltrachen oder andere Mißbildungen.

Mit 3–4 Tagen werden die Ruten coupiert, Wolfskrallen geschnitten. Die Wolfskrallen werden mit einer scharfen, steril gemachten Schere entfernt, danach wird die Stelle mit antibiotischem Puder bestreut, der eine Infektion verhindert und das Blut schnell stillt. In aller Regel sollte man beide Operationen ausschließlich vom Tierarzt durchführen lassen, es ist keine Aufgabe für Laien. Die Hündin sollte dabei unbedingt vom Wurf getrennt werden, weil diese Handlungen sie viel zu sehr aufregen würden.

Manchmal werden ein oder zwei Welpen durch die Mutter in eine entfernte Ecke gelegt, diese erscheinen in der Regel kalt und schwächlich. Gerne würde ich sagen, daß diese Welpen in Ordnung sind, aber wenn die Mutter sie ablehnt, gibt es hierfür in aller Regel einen Grund – sie riechen anders und die Hündin versteht dies besser. Ich versuche nie, solche schwächlichen Welpen am Leben zu halten. Sie sind nicht robust und gesund, möchte man denn wirklich Welpen aufziehen, die voraussichtlich kränkliche und schwächliche Hunde werden? Bei sehr großen Würfen besteht in einigen Ländern die Möglichkeit der Ausmerze – nicht in Deutschland, hier bietet sich nur Ammen- oder Flaschenaufzucht an, Flaschenaufzucht in zweistündigen Intervallen; ohne Zusatznahrung würden die Welpen wegen Futtermangels sterben.

Flaschenfütterung ist eine schwierige Aufgabe. Da Welpen aus der Kolostralmilch – der ersten Milch – die mütterlichen Immunstoffe übertragen bekommen, müssen alle Welpen daran teilhaben. Deshalb ist es das Beste, die Hälfte des Wurfes bei einer Mahlzeit mit der Flasche zu füttern, die andere Hälfte darf bei der Mutter trinken. Bei der nächsten Fütterung macht man es umgekehrt, sorgt dafür, daß jeder Welpe die kostbare erste Muttermilch erhält. In dieser Zeit braucht die Hündin Ruhe und Frieden, deshalb sollte man keine Freunde und Verwandte anschleppen, um die Welpen zu besichtigen, das hat Zeit, bis sie älter sind, sonst erregt sich die Hündin zu sehr.

Im Alter von drei Wochen kann man damit anfangen, einen großen Wurf zusätzlich zu füttern (bei kleinen Würfen mit vier Wochen). Man beginnt mit in

Milch eingeweichten Zeralien – Futterflocken mit einem oder zwei Eigelb haben sich sehr bewährt, ebenso Rührei. Zunächst stellen sich alle Welpen ungeschickt an, aber nach zwei oder drei Tagen haben sie das Ablecken gelernt. Die erste Nahrung muß püreeartig sein, darf keine Klümpchen haben. Mit sechs Wochen fressen Welpen kleingeschnittenes, gekochtes Fleisch, Zeralien oder gekochten Fisch mit Zeralien, man kann ihnen auch gekochte Eier anbieten. Die Welpen brauchen vier Mahlzeiten täglich. Man sollte nicht vergessen, industriell hergestellte Welpenmilch oder frische Ziegenmilch zu verwenden. Kuhmilch ist aus verschiedenartigen Gründen weniger geeignet, sie enthält insbesondere zu wenig

Links: *Eine gute Mutter bei der Kontrolle von zwei ihrer Welpen. Im Spiel zeigen diese typische dominante und sich unterwerfende Stellungen.*

Oben: *Über die ersten acht Wochen ist die Mutter im Leben eines Welpen dominierend, danach braucht man für alle Welpen ein gutes, eigenes Heim.*

Fett, führt zu Durchfall. Bei der Welpenaufzucht beachte man immer die goldene Regel – nie die Welpen fett werden lassen. Immer wieder werde ich gefragt, welches Gewicht Welpen in den verschiedenen Altersstufen haben sollten, die Antworten auf diese Fragen sind recht verschieden. Meine Auffassung ist, daß wenn Welpen gut aussehen, substanzvoll, aber ohne Fett, sie gut fressen und energiegeladen sind, wenn sie gute Knochen haben und gesund aussehen, daß sie dann mit Sicherheit auch das richtige Gewicht haben. Hat man ein gutes Auge für Lebewesen, sollte man leicht erkennen, in welchem körperlichen Zustand die Welpen sind.

Welpen werden mit vier, sechs und acht Wochen entwurmt, natürlich muß der Kot mehrfach täglich entfernt werden, insbesondere sofort nach der Entwurmung. Tut man dies nicht, wälzen sich die Junghunde beim Spiel durch den Kot, werden recht übelriechend und schmutzig, können dabei auch neu infiziert werden.

Im Alter von acht Wochen sind Welpen abgabebereit. Bei Kaufwilligen sollte man sorgfältig prüfen, ob den ganzen Tag über eine verantwortliche Person zu Hause ist, ob ein großer Außenauslauf gut eingezäunt ist. Man darf nie Probleme, die bei dieser Rasse auftreten könnten, verschweigen, sollte ihre Lösung erklären; der wichtigste Punkt ist aber die Prüfung, ob die Käufer einen festen aber einfühlsamen Charakter haben, sich aus vernünftigen Gründen einen Hund wünschen.

Am besten gibt man den Käufern einen Futterplan (siehe Seite 88), vielleicht auch für einige Tage das Futter, an das der Junghund gewohnt ist. Hat man die Ahnentafeln des Zuchtvereins schon zur Hand, sollte man sie direkt übergeben, wenn nicht, bei Empfang nachsenden.

Kapitel sechs

FÜTTERUNG UND PFLEGE

Fütterung
Pflege
Auslauf
Entwurmung
Linienzucht und Inzestzucht*

**Anhang zu Kapitel 5*

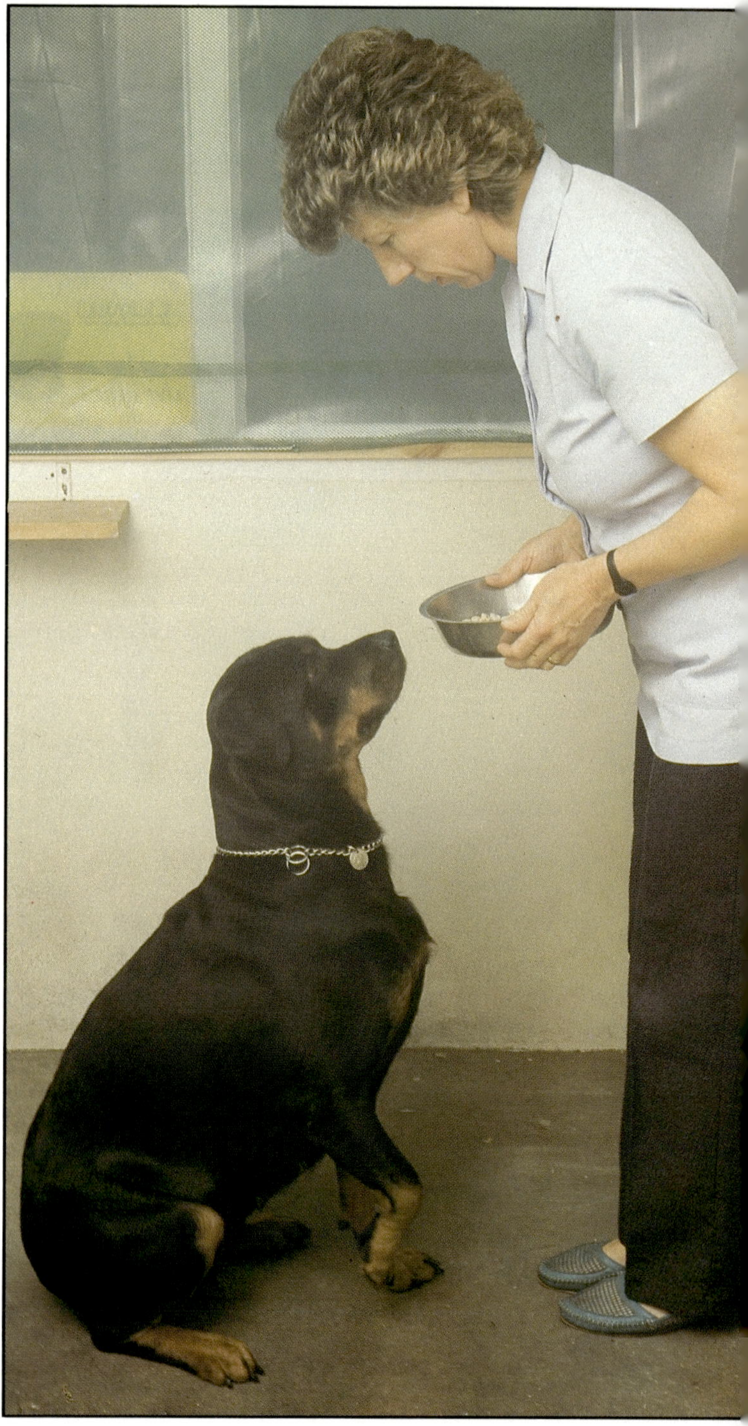

FÜTTERUNG

In jeder Rasse gibt es Hunde, die mehr oder weniger Futter brauchen als andere, der Rottweiler ist hier keine Ausnahme. So braucht zum Beispiel ein Hund, der den ganzen Tag über im Haus liegt, weniger Kalorien als ein Zuchttier oder ein Gebrauchshund, der täglich sehr viel Bewegung hat. Meine Tochter hat einen großen Reitstall, ihr Rottweiler läuft täglich mehr als 32 km an der Seite der Pferde; er ist ein kleiner Rüde von etwa 63 cm Schulterhöhe, aber er frißt wesentlich mehr als der Hausrüde »Max«, der sehr viel größer ist.

Deshalb ist es wichtig, grob durchzurechnen, wieviel Kalorien der einzelne Hund täglich braucht. Eine Faustregel besagt, je weniger Bewegung, umso weniger Futter. Die meisten in der Familie gehaltenen Rottweiler sind viel zu fett, ihre Besitzer verkürzen ihre Lebenszeit durch Überfütterung; mein Vater pflegte zu sagen: »Man läßt sie ihr eigenes Grab mit den Zähnen graben!« Es ist eine traurige Tatsache, daß die Menschen nur selten bemerken oder auch zugeben, daß ihr Hund fett ist. Der sicherste Weg ist ein Gespräch mit dem Tierarzt und die Bitte, er möge seine ehrliche Meinung sagen.

Die meisten Tierärzte hassen Fettleibigkeit bei Tieren, sie sehen viel lieber wirklich schlanke Hunde. Dies ist ganz einfach gesunder Menschenverstand, weil Fettleibigkeit eine ganze Reihe von Problemen mit sich bringt. Man sollte versuchen, den eigenen Hund leidenschaftslos zu betrachten. Kann man seine Rippen leicht fühlen? Wenn nein, ist er wahrscheinlich zu fett. Man kann Schlankheitsfutter vom Tierarzt kaufen, man kann auch die Menge Kohlehydrate für den Hund selbst halbieren und gleichzeitig die Bewegung des Hundes nach und nach steigern. Innerhalb von drei Monaten hat man dann einen viel fitteren Hund. Meine Hunde haben hier und da einen Fasttag, dann sehe ich, wie Zusatzpfunde schwinden – es hilft eine ganze Menge.

Oft findet man Verkaufsanzeigen über Welpen, deren Vater nach der Anzeige 95 kg, deren Mutter 83 kg schwer ist. Es ist ein absoluter Wahnsinn, einen Rottweiler auf derartige Gewichte zu mästen. Man halte sich stets vor Augen, daß es sich um eine Gebrauchshunderasse handelt, nicht um einen Wettbewerb um den fettesten Mastochsen auf einer Ausstellung.

Wie sollte man also seinen Hund füttern? Ernährungswissenschaftler sagen uns, daß der normale Hund recht gut 18 bis 20% Protein täglich braucht, deshalb produzieren verschiedene Hersteller ausgewogene Trockenfutter, die man mit Wasser zu einer guten Mahlzeit mixen kann. Es gibt Dutzende solcher Alleinfutter und es ist wichtig, eines auszuwählen, das dem Hund schmeckt. Ich selbst benutze eines mit 19,5% Protein, es hat Zusatzvitamine und Mineralien und nach meiner Erfahrung bekommt es meinen Hunden. Deshalb wechsle ich die Ernährung nicht, denn jede Veränderung könnte auch Durchfall auslösen.

Es ist eine verbreitete Vorstellung der Menschen, dem Hund eine abwechslungsreiche Nahrung anzubieten. In der Wildnis gibt es aber nicht viel Auswahl – etwas Fleisch, Knochen und Eingeweide täglich. Da heute Protein so teuer ist, erscheint es nur vernünftig, Fleisch gegen billigere Proteinformen auszutauschen. Solange das den Hunden bekommt, scheint es unproblematisch. Ich würde zum Beispiel einen erwachsenen Rottweiler-Rüden mit nur mäßigem Auslauf ungefähr zu ¾ mit Vollkost, zu ¼ mit Protein füttern – letzteres kann Fisch, hartgekochte Eier oder kleingeschnittenes Futterfleisch sein.

Im Freien lebende Hunde brauchen im Winter mehr Futter (und mehr und wärmere Einstreu), um sie vor Kälte zu schützen. Im Winter habe ich gegen ein paar Pfund Übergewicht nichts einzuwenden, aber im Frühling muß die Fütterung angepaßt werden, bis die Hunde wieder ihre alte Form haben.

Ein Welpe von acht Wochen erhält bei uns Vollkost, gemixt mit erstklassiger Welpenmilch oder Ziegenmilch als feste Nahrung. Die nächste Mahlzeit besteht zu ⅔ aus Vollnahrung, in Fleischbrühe aufgeweicht, zu ⅓ aus Protein (Fisch, Eier oder Fleisch).

Für die dritte und vierte Mahlzeit wiederhole ich diese zwei Mahlzeiten, füge der letzten Mahlzeit etwas Vitamine und Mineralergänzungen zu, und zwar etwas weniger als auf der Verpackung angegeben (denn die Vollnahrung ist bereits vitaminisiert).

Ein grober Hinweis zu den Mengen: Ich habe schon erwähnt, man sollte etwa jede Mahlzeit entsprechend dem Umfang des Hundekopfes bemessen. Dies be-

Links: *Rottweiler sind meist am Futter recht interessiert, sie müssen lernen, geduldig auf ihr Futter zu warten.*

währt sich recht gut, solange man keinen Hund mit übergroßem oder besonders kleinen Kopf hat. In beiden Fällen sollte man wieder vom gesunden Menschenverstand ausgehen, den Hund mit dem großen Kopf etwas weniger, den mit dem kleinen Kopf etwas mehr füttern. Bei mir wird nie irgendetwas gewogen – weder Futtermenge noch Hunde oder Welpen – ich bevorzuge es, mit dem Auge zu messen. Sieht der Hund gut aus, ist er fit, nicht fett, hat er eine Menge Energie, dann ist er korrekt gefüttert. In meinem Tagesrhythmus gibt es keine überflüssige Zeit, um solche Dinge abzuwiegen. Habe ich wirklich etwas freie Zeit, dann verwende ich sie lieber, um mit dem Jungtier zu spielen oder es auszubilden.

Mit drei Monaten werden die Jungtiere auf drei Mahlzeiten (mit natürlich etwas größeren Mengen) umgestellt, ab sechs Monaten gibt es täglich zwei Mahlzeiten mit jeweils größeren Mengen. Ab einem Jahr füttern wir nur einmal täglich, dies kann aber von Hund zu Hund verschieden sein. Tragende Hündinnen bekommen so ab der 6. oder 7. Woche zwei, manchmal drei Mahlzeiten täglich, da die Welpen im Mutterleib viel Platz brauchen, der Magen sich entsprechend wenig ausdehnen kann. Man sollte nie vergessen, daß Rottweiler im allgemeinen recht futtergierig sind und darauf bestehen, das Butterbrot zu bekommen, das man gerade ißt, oder sie würden vor Hunger vergehen! Solchen durchsichtigen Lügen sollte man nie nachgeben, nie zwischen den Mahlzeiten füttern, auch keine »Hundeschokolade« oder andere Leckerbissen für den Hund kaufen. Wenn man ihnen etwas wirklich Gutes tun möchte, sollte man ihnen einen schönen Markknochen kaufen oder mit ihnen einen zusätzlichen Spaziergang machen – das ist gut für die Menschen und viel besser für den Hund.

Ein bei Hundebesitzern besonders beliebtes Futter ist Pansen (Rindermagen). Dieses Futter ist auch durchaus in Ordnung, man muß aber wissen, daß es wesentliche Mineralien nicht enthält – nämlich Kalk und Eisen; oft enthält Pansen viel Fett, mit Sicherheit taugt er nicht als Alleinnahrung. Füttert man Pansen, dann nur zusammen mit Kohlehydraten und unter Zusatz von Eisen und Kalk; am besten verabreicht man zusätzlich täglich einen Brocken gekochte Leber und ergänzt das Futter mit einem Eßlöffel Knochenmehl, hinzu kommt etwas Flockennahrung oder Alleinfutter. Für Welpen verwende ich nie Pansen, ich möchte meine

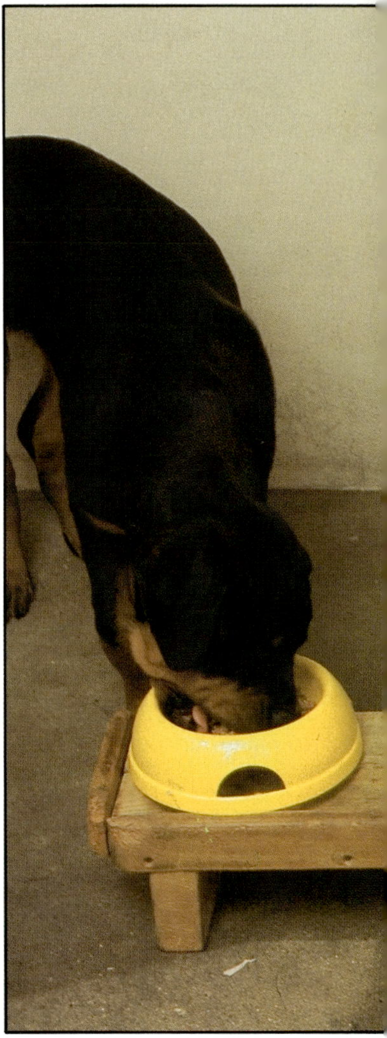

Welpen mit gutem, wahrhaftem, wachstumsförderndem Futter ernähren, hierfür ist sicherlich Pansen nicht das Beste.

Rohes Fleisch, insbesondere vom Schaf oder Schwein, ist außerordentlich gefährlich, darin können Bandwürmer, Schweineviren oder Salmonellenvergiftungen stecken, vor allem aber die für Hunde absolut tödlich verlaufende Aujetzky'sche Erkrankung. Fleisch sollte man deshalb grundsätzlich kochen. Niemals darf man splitternde Knochen verfüttern, da diese zu Perforationen in Magen oder Darm führen könnten. Das Fleisch sollte nicht nur angekocht,sondern gut durchgekocht

werden. Ein Dampfkochtopf ist ideal zum Kochen von Fisch. Dabei können sogar kleine Gräten mit verfüttert werden, da sich diese durch das Kochen unter Druck fast auflösen. Damit gewinnt man gleichzeitig eine gute Quelle für Kalzium. Auch Brustknochen des Lamms lassen sich auf diese Art kochen, denn diese Knochen sind recht weich; am besten kratzt man das Fett ab und füttert den Rest.

Büchsenfleisch mit Mixern versetzt ist recht populär, nach meiner Erfahrung ist diese Ernährung aber sehr teuer. Bei meinen Hunden habe ich dabei auch stärkere Blähungen festgestellt, deshalb gebe ich

Oben: *Um eine gleichmäßige Verteilung zu gewährleisten, kann man Welpen aus Einzelschüsseln füttern, hierdurch vermeidet man auch Streitigkeiten.*

Kohlegranulat bei, um dies zu verhindern.

Erwachsenen Rottweilern kann man auch Essensreste ins Futter mischen; hat man altes Vollkornbrot, backt man es im Backofen hart durch, die Hunde lieben es! Will man dauerhaften Fellglanz erhalten, füttert man täglich ein kleines Stück Diätmargarine (etwa in der Größe der Fingerspitze des kleinen Fingers).

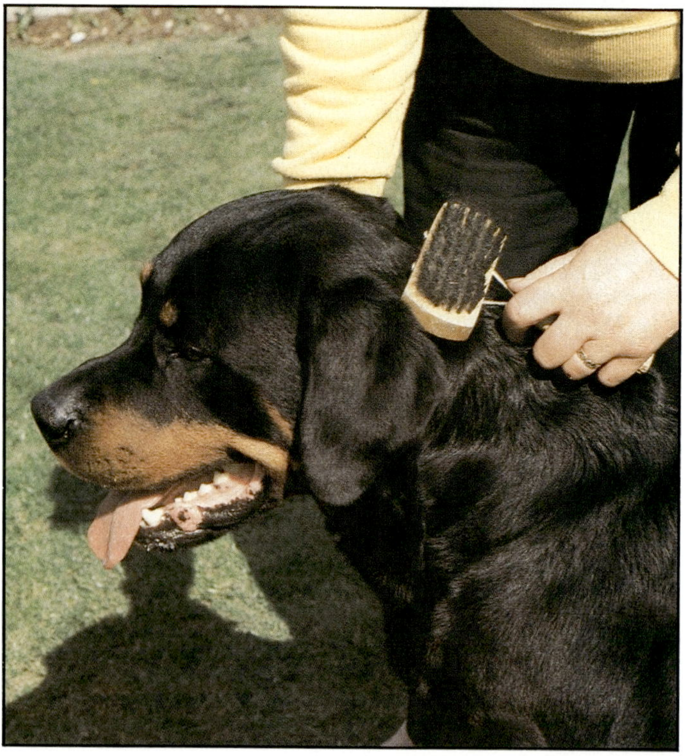

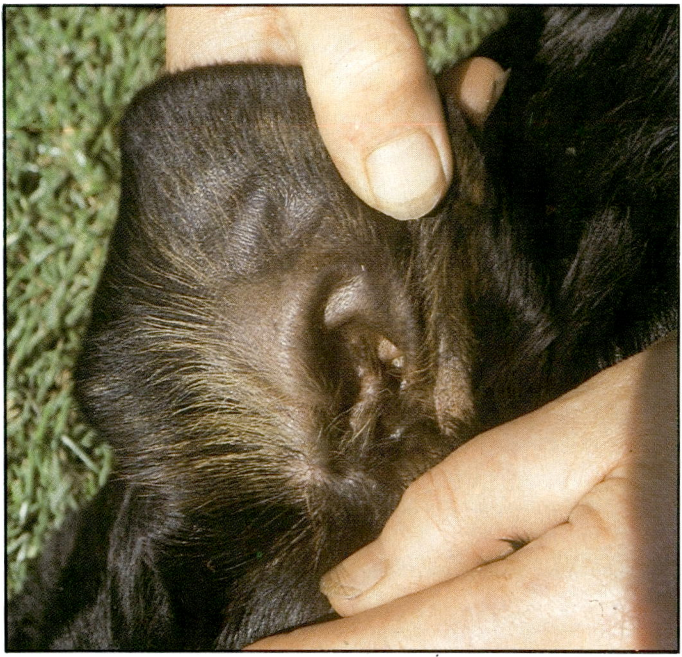

Oben: *Hundeohren sollte man wöchentlich auf Grassamen und Anzeichen von Ohrmilben untersuchen, beide können zu Reizungen führen.*

Oben links: *Um das Hundefell glänzend zu halten, wird es einmal wöchentlich tüchtig gebürstet. Während des Fellwechsels empfiehlt sich tägliche Fellpflege.*

Unten links: *Eine doppelseitige Bürste, unten Draht-, oben Gummiborsten, ist ein ideales Pflegewerkzeug.*

Nie sollte man zuckerhaltige Substanzen verfüttern, auch nicht gestatten, daß der Hund »einen süßen Zahn entwickelt«. Meine Hunde nehmen keine Süßigkeiten, da sie nie daran gewöhnt wurden, und das genau möchte ich aufrechterhalten.

Einige Rottweiler mögen Früchte, dies bedeutet, daß sie einen Bedarf an zusätzlichem Vitamin C haben, deshalb sollte man ihnen täglich etwas Obst (zum Beispiel eine Orange) geben. Ich habe einen Hund, der täglich mehrere Orangen fressen würde, wenn er dürfte, und Melonen liebt er geradezu!

PFLEGE

Nach meiner Erfahrung braucht man bei guter Fütterung wöchentlich nur ein einmaliges kräftiges Durchbürsten, um das Fell glänzend zu halten; während des Haarwechsels sollte man allerdings täglich das abgestorbene Haar ausbürsten. Eine Katzenbürste aus Gummi wirkt sehr gut. Während des Fellwechsels benutze ich vorsichtig auch eine Drahtbürste, um die tote Unterwolle zu entfernen. Zum Schluß arbeite ich mit einem feuchten Chamoisleder, um dem Fell den gewünschten Glanz zu geben.

Die Hundeohren müssen wöchentlich auf Anzeichen von Ohrmilben geprüft werden. Treten braune Sekrete auf, empfehlen sich 1–2 Tropfen einer vom Tierarzt verschriebenen Antimilbenlösung.

Tritt an den Hundezähnen stärkerer Zahnsteinbefall auf, kann man zunächst versuchen, mit Zahnbürste und Hundezahncreme zurechtzukommen. Nach meiner Erfahrung hassen die meisten Hunde eine solche Prozedur, nehmen sie aber schließlich hin. Ich nehme den Rand einer leicht gezahnten Münze, um den Zahnstein sorgfältig abzukratzen, achte besonders darauf, das Zahnfleisch nicht zu verletzen. Markknochen verhindern das Auftreten von Zahnstein, denn mit dem Benagen,werden gleichzeitig Rückstände auf den Zähnen entfernt. Bei starkem Zahnsteinbefall muß der Tierarzt die Zähne reinigen, bei schwierigen Hunden möglicherweise unter Narkose.

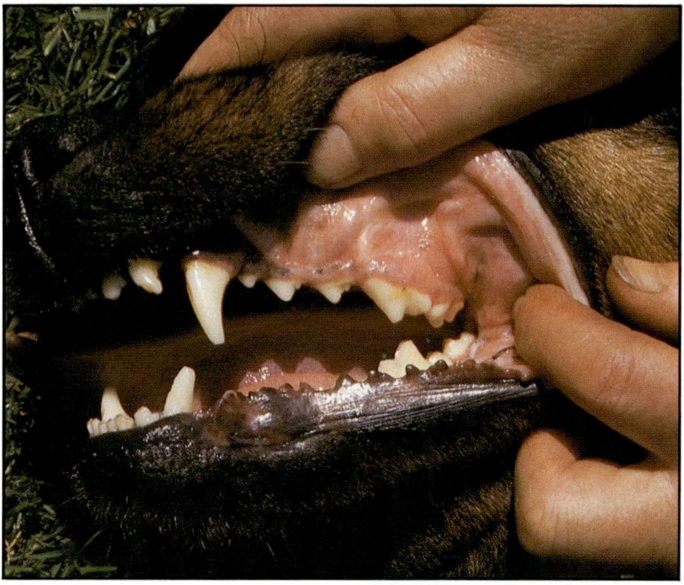

Hat ein Hund gute Pfoten und genügend Bewegung, braucht man eigentlich seine Krallen nie zu schneiden; leider ist dies nicht immer der Fall, einige Hunde brauchen regelmäßiges Krallenschneiden. Ich empfehle eine Krallenzange System Guillotine, welche die Nägel nicht zusammendrückt. Die Krallen des Rottweilers sind schwarz, deshalb kann man nicht sehen, wie weit das »Leben« reicht. Es ist besser, wenig und oft zu schneiden als viel und dabei eine Blutung auszulösen. Kommt es zu einer Blutung, ist dies kein Anlaß zur Sorge, das Bluten wird bald aufhören. Man kann etwas Sulfonamidpuder auf die Kralle streuen, die Blutgerinnung erfolgt dann schneller, eine Infektion wird unterbunden; es gibt auch Spezialmittel zur Blutstillung. Einige Hundebesitzer feilen die Hundekrallen ab, nach meiner Erfahrung ist aber das Schneiden für die Hunde angenehmer. Bewegung auf hartem Untergrund hilft, die Krallen kurz zu halten, deshalb muß man den Hund auch über Straßen spazierenführen. Hierdurch werden die Muskeln gestärkt, insbesondere wenn man den Hund im schnelleren Schritt und nicht im Schlendergang führt.

AUSLAUF

In Europa ist es weitgehend üblich, daß Hundebesitzer den Hund am Rad mitlaufen lassen. Es gibt aber leider hier einen Trend, zu früh zu viel zu verlangen. Nie sollte man einen Rottweiler am Rad laufen lassen, ehe er ein Jahr alt ist und in schon guter körperlicher Verfassung. Man beginnt mit täglich kleinen Strekken, bis der Hund wirklich fit ist, unbedingt muß man dabei den Hund vor den Gefahren des Verkehrs schützen.

In Deutschland gibt es einen Hundeführer, er steht schon mitten in seinen 60er Jahren, und er joggt mit seinen Hun-

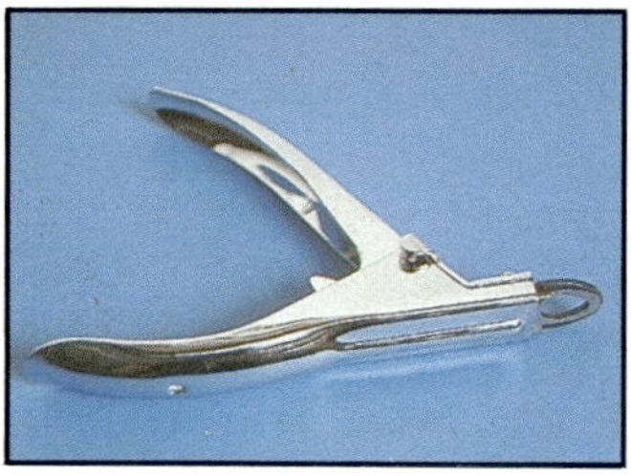

Ganz oben: *Regelmäßig sollte man das Hundegebiß auf Zahnstein kontrollieren; tritt dieser stark auf, muß er vom Tierarzt entfernt werden.*

Oben: *Die Krallen kürzt man am besten mit einer Zange System Guillotine. Hierdurch ist das Krallenschneiden für den Hund mit einem Minimum an Unannehmlichkeiten verbunden.*

Oben: *Beim Nagelschneiden muß man aufpassen, nicht ins »Leben« zu schneiden. Um Blutungen zu verhindern, sollte man jeweils nur ein kleines Stück kürzen.*

Unten: *Ist ein Rottweiler mit guten Katzenpfoten geboren, dann ist Nagelschneiden in aller Regel kaum erforderlich.*

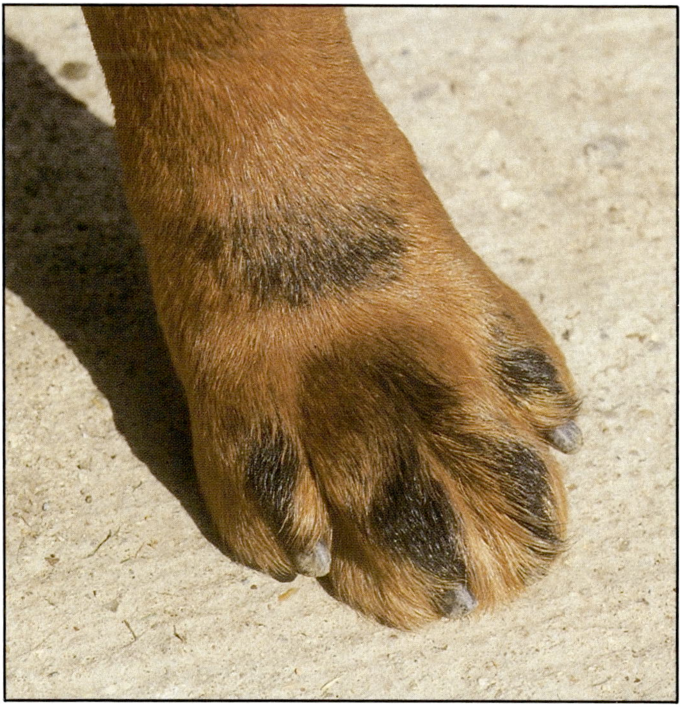

den täglich über zwei Stunden im freien Gelände. Es macht Vergnügen, Herrn und Hund im Ausstellungsring zu beobachten, beide sind außerordentlich fit, strahlen geradezu vor Gesundheit und Vitalität. Sie können mit Leichtigkeit die meisten anderen Rottweiler und ihre Führer totlaufen, der Kontakt zwischen Herrn und Hund ist wunderbar.

Aber nochmals, keine intensiven Ausläufe vor Vollendung des ersten Lebensjahres, und dann macht man den Hund nach und nach fit. Es gibt Mitmenschen, die ihren Hund die ganze Woche über im Haus herumliegen lassen und dann an den Wochenenden Läufe über fünf Stunden und mehr von ihnen verlangen. Sie wundern sich dann sehr, wenn ihre Hunde sich am Montagmorgen nicht richtig bewegen können.

Diese Hunderasse braucht nicht besonders viel Auslauf, obwohl die Hunde Bewegung lieben. Man sollte es so einrichten, daß man mit seinem Hund täglich ein oder zwei Spaziergänge unternimmt.

ENTWURMUNG

Hunde sollten regelmäßig entwurmt werden, in der Jugend mehrfach, weil Spulwurmbefall die Jungtiere im besten Fall in ihrer Entwicklung hemmt, im schlimmsten Fall tötet.

Erwachsene Hunde sollte man im Turnus von drei Monaten entwurmen, denn sie können die Spulwurmlarven durch Beschnüffeln der Exkremente anderer Hunde aufnehmen. Das Entwurmen eines Hundes ist billig und einfach, am besten kauft man die Medikamente beim Tierarzt.

Der Aufschrei der Medien vor kurzem, wonach Spulwurmlarven bei Kindern Erblindung auslösen, beruht auf Tatsachen, es besteht aber keine Ursache zur Panik. Wird der Hund regelmäßig entwurmt, ist die Gefahr, daß ein Kind erblindet, ungefähr genauso groß, wie daß es durch einen

Unten: *Im Garten spielende Junghunde können immer dann ausruhen, wenn sie ermüdet sind.*

Elefanten zertrampelt wird! Selbstverständlich sollte man dem Hund nie gestatten, Mund oder Hände eines Kindes abzulecken, man sollte das Kind auch so erziehen, daß es nach dem Gelecktwerden seine Hände wäscht.

Bandwürmer werden durch Flöhe und rohes Fleisch übertragen, befallen einige Hunde. Bandwurmglieder sehen aus wie Reis- oder Gurkenkörner, man sieht sie im Stuhl oder Afterbereich des Hundes; wenn man sie feststellt, sollte man sich sofort vom Tierarzt ein Bandwurmmittel besorgen. Es ist keine Schande, von Bandwürmern befallen zu sein; es ist aber eine Schande, wenn man sie nicht sofort bekämpft!

In einigen Ländern werden durch Moskitos Herzwürmer übertragen. In solchen Ländern muß man dem Hund täglich eine Pille dagegen geben. Nähere Auskunft über die Gefahren in diesen Ländern erhält man durch den Tierarzt.

Vor der Zucht sollte man Hündinnen auf Befall von Hakenwürmern kontrollieren. Sie können bei einer Übertragung auf die Welpen tödlich wirken. Ältere Hunde werden durch Hakenwürmer stark geschwächt; mit der Hilfe des Tierarztes lassen sich Hakenwürmer gut bekämpfen.

Wurmbefall darf man nie ignoriern, denn Würmer lösen viele Probleme aus, deshalb ist es immer besser, vorsorglich Wurmbefall zu verhindern, als Hunde und eventuell Menschen davon befreien zu müssen.

LINIENZUCHT UND INZESTZUCHT

Zwischen Linienzucht und Inzestzucht gibt es einen großen Unterschied. Linienzucht ist die Auswahl der besten Vorfahren einer Linie und Zurückzüchten auf sie, also zum Beispiel Enkelin mit Enkel, oder vielleicht Urenkel mit Enkelin, und so die besten Linien der Ahnenreihen zu doppeln. Auf der übernächsten Seite die Ahnentafel einer liniengezogenen eigenen Hündin, die in der Zucht recht erfolgreich war.

Unten: *Ei und erstes Larvenstadium eines Spulwurms. Hunde sollten durch regelmäßiges Entwurmen vom Wurmbefall freigehalten werden.*

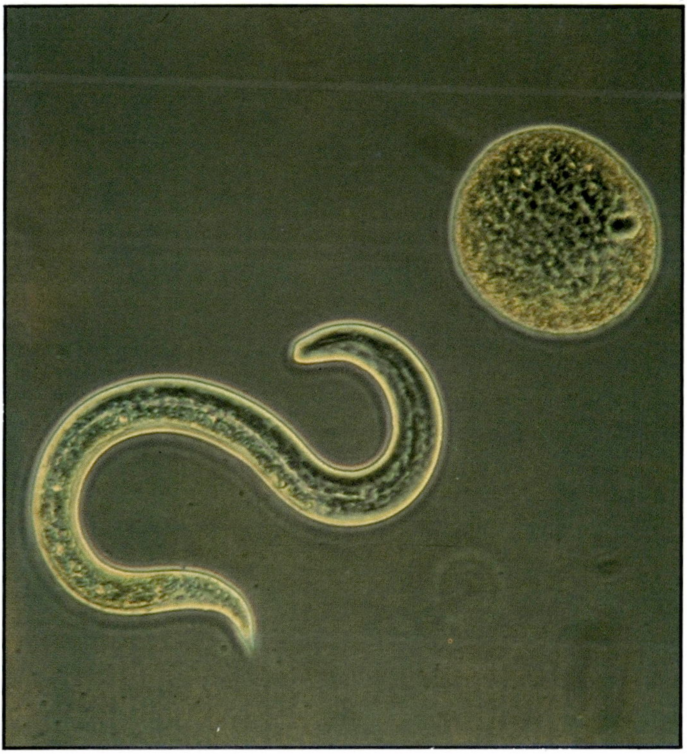

Wenn man auf Linie züchtet, ist es außerordentlich wichtig, genau zu wissen, was man tut, wie die Vorfahren wirklich waren – im Wesen wie in der Anatomie. Nach meiner Erfahrung führt das planmäßige Aufdoppeln auf gutes Wesen und korrekte Hüften zur Stärkung dieser Eigenschaften, man konzentriert die Gene für erwünschte Eigenschaften.

Natürlich muß man sich vergewissern, daß es bei den Ahnen, auf die man linienzüchtet, keine rezessiven Gene für schlechte Eigenschaften gibt.

Das Gute an der Linienzucht ist, liegen rezessive Fehler dahinter, treten sie durch die Linienzucht zu Tage. Über die Linienzucht gewinnt man mehr Wissen über die Blutlinien, und was sie bringen.

Stets doppelt man alles, was vorhanden ist – Gutes und Schlechtes – deshalb muß man die Hunde in der Linienzucht mit ihren Vorzügen wie Fehlern sehr genau

Linienzucht

Eltern	*Großeltern*	*Urgroßeltern*
Gamegards the Protector	The Führer from Gamegards	Ch. Gamgards Bulli v. d. Waldachquelle
		Wandrin Shadow of Whitebeck
	Gamegards Roman Road	Rohorrim Sieglinde
		Gamegards the Coquette
Gamegards the Witch	The Führer from Gamegards	Ch. Gamegards Bulli v. d. Waldachquelle
		Wandrin Shadow of Whitebeck
	Ch. Schutz from Gamegards	Ch. Gamegards Bulli v. d. Waldachquelle
		Lohteyn Loyalty

Oben: *Diese Ahnentafel demonstriert planmäßige Linienzucht. Dabei ist es wichtig, daß die Tiere, auf die man doppelt, HD-frei sind, von gutem Typ und einwandfreiem Wesen.*

Links: *Die Autorin mit zwei Generationen von »Gamegards«-Rottweiler, welche die Vorteile guter Zucht bestätigen.*

kennen. Einige Wesensfehler, die man bei dieser Zucht unbedingt vermeiden muß, sind Überaktivität, Übersensibilität auf Berührung oder Geräusche, Überaggression, Nervosität, Bissigkeit, Schlafmützigkeit und Plumpheit. Man darf nur auf Linien züchten, welche geistig und körperlich hervorragend gesund sind. Hat man hieran Zweifel, sollte man es nicht tun.

Inzestzucht ist eine sehr enge Paarung, zum Beispiel Bruder mit Schwester, Vater mit Tochter etc. Dies ist keine Zuchtmethode, die ich selbst benutze, denn man kann schreckliche Fehler machen, wenn man nicht genau weiß, welche Eigenschaften die Hunde genetisch tragen. Im allgemeinen verliert man auch an Lebenskraft, wenn man den Genpool nicht erweitert. Wenn auch einige großartige Champions in anderen Hunderassen durch diese Zuchtmethoden entstanden sind, ohne Auftreten von Krankheiten, glaube ich dennoch, daß Linienzucht der sicherere Weg ist.

Anmerkung Verlag: Sachlich gehört dieser Beitrag zu Kapitel 5, mußte aber entsprechend der Originalvorlage in Kapitel 6 mit aufgenommen werden.

Kapitel sieben

AUS-STELLUNGEN UND LEISTUNGS-WETTBEWERBE

Rassestandard
Hundeausstellungen
Leistungswettbewerbe

RASSESTANDARD

Nachfolgend bringen wir den vom Ursprungsland der Rasse Deutschland aufgestellten Rassestandard. Möchte man wirklich Genaueres über die Rasse wissen, sollte man ihn sehr eingehend studieren.

RASSESTANDARD
F. C. I.-Standard Nr. 147 f
Stand 15. 2. 1988

KURZER GESCHICHTLICHER ÜBERBLICK: Der Rottweiler zählt zu den ältesten Hunderassen. Sein Ursprung geht bis in die Römerzeit zurück. Er wurde dort als Hüte- und Treiberhund gehalten. Die Hunde zogen mit den römischen Legionen über die Alpen, beschützten die Menschen und trieben das Vieh. Im Raum um Rottweil trafen diese Hunde mit den einheimischen Hunden zusammen. Hier erfolgte dann eine Vermischung. Die Hauptaufgabe des Rottweilers wurde nun das Treiben und Bewachen von Großviehherden und die Verteidigung seines Herrn und dessen Eigentum. Nach der alten deutschen Reichsstadt Rottweil erhielt er seinen Namen: Rottweiler Metzgerhund. Die Metzger züchteten diesen Hundeschlag nur auf Leistung und für ihren Verwendungszweck. So entstand im Laufe der Zeit ein hervorragender Hüte- und Treiberhund, der auch als Zughund Verwendung fand. Als man zu Beginn des 20. Jahrhunderts Hunderassen für den Polizeidienst suchte, wurde auch der Rottweiler überprüft. Es zeigte sich sehr schnell, daß der Hund für die Aufgaben im Polizeidienst hervorragend geeignet ist. Im Jahre 1910 wurde er deshalb als Polizeihund offiziell anerkannt.

Die Rottweilerzucht erstrebt einen kraftstrotzenden Hund, schwarz mit rotbraunen, klar abgegrenzten Abzeichen, der bei wuchtiger Gesamterscheinung den Adel nicht vermissen läßt und sich als Begleit-, Schutz- und Gebrauchshund in besonderem Maße eignet.

Allgemeines Erscheinungsbild des Hundes

Der Rottweiler ist ein mittelgroßer bis großer, stämmiger Hund, weder plump noch leicht, nicht hochläufig oder windig. Seine im richtigen Verhältnis stehende, gedrungene und kräftige Gestalt läßt auf große Kraft, Wendigkeit und Ausdauer schließen.

Wichtige Maßverhältnisse (Proportionen)

Das Maß der Rumpflänge, gemessen vom Brustbein bis zum Sitzbeinhöcker, sollte dasjenige der Widerristhöhe höchstens um 15% überschreiten.

Verhalten und Charakter

Von freundlicher und friedlicher Grundstimmung, kinderliebend, ist er sehr anhänglich, gehorsam, führig und arbeitsfreudig. Seine Erscheinung verrät Urwüchsigkeit; sein Verhalten ist selbstsicher, nervenfest und unerschrocken. Er reagiert mit hoher Aufmerksamkeit gegenüber seiner Umwelt.

Kopf

Oberkopf: Mittellang, der Schädel zwischen den Ohren breit, in der Stirnlinie, seitlich gesehen, mäßig gewölbt. Hinterhauptstachel gut entwickelt, ohne stark hervorzutreten.
Stop: Stirnabsatz ausgeprägt.

Oben rechts: *Stilisiertes Diagramm eines Rottweilerrüden mit Übersicht der Fachausdrücke für die äußeren Merkmale*

Unten rechts: *Der Rottweiler wird als Gebrauchshund gezüchtet, sein Skelett ist ausgelegt auf Kraft und Ausdauer, man achte auf die besonders kräftigen Läufe, starke Schulterpartie und geräumigen Brustkorb.*

Skelett	**Äußere Merkmale**
1 Schädel	*A Oberkopf*
2 Hinterhauptbein	*B Widerrist*
3 Halswirbel	*C Lende*
4 Schulterblatt	*D Steiß*
5 Brustwirbel	*E Kniegelenk*
6 Lendenwirbel	*F Fersengelenk*
7 Becken	*G Untere Linie*
8 Oberschenkel	*H Unterarm*
9 Wadenbein	*I Fesseln*
10 Schienbein	*J Zehen*
11 Fußwurzel	*K Schulter*
12 Mittelfuß	*L Backen*
13 Zehenglieder	*M Lefzen*
14 Rippen	*N Unterkiefer*
15 Elle	*O Fang*
16 Speiche	*P Stop*
17 Handwurzel	
18 Mittelhandglieder	
19 Oberarm	
20 Unterkiefer	

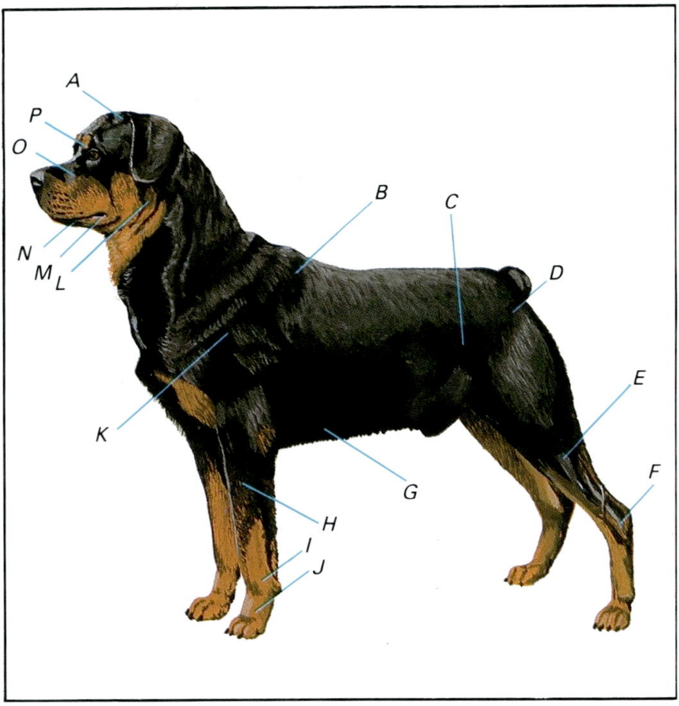
A
P
O
B
C
D
N
M
L
K
E
F
G
H
I
J

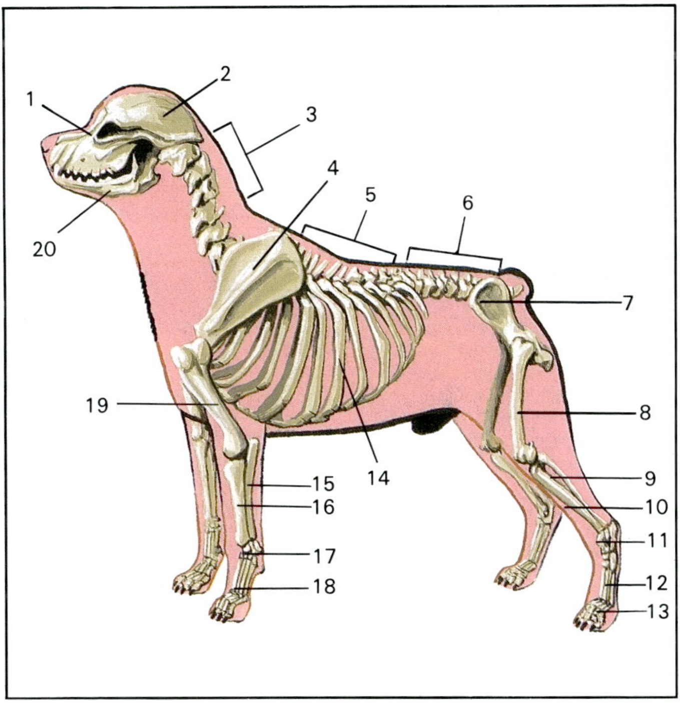
1
2
3
4
5
6
7
20
19
8
14
15
16
17
18
9
10
11
12
13

Gesichtsschädel
Nase: Nasenrücken gerade, mit breitem Ansatz und mäßiger Verjüngung. Nasenkuppe gut ausgebildet, eher breit als rund, mit verhältnismäßig großen Öffnungen, stets von schwarzer Farbe.
Schnauze: Der Fang sollte im Verhältnis zum Oberkopf weder gestreckt noch verkürzt wirken.
Lefzen: Schwarz, fest anliegend, Lefzenwinkel geschlossen, Zahnleiste möglichst dunkel.
Kiefer: Kräftiger, breiter Ober- und Unterkiefer.
Backen: Jochbogen ausgeprägt.
Gebiß: Stark und vollständig (42 Zähne), die oberen Schneidezähne greifen scherenartig über die des Unterkiefers.
Augen: Mittelgroß, mandelförmig, von tiefbrauner Farbe; Lider gut anliegend.
Ohren: Mittelgroß, hängend, dreieckig, weit voneinanderstehend, hoch angesetzt. Der Oberkopf erscheint bei nach vorn gelegten, gut anliegenden Ohren verbreitert.

Hals
Kräftig, mäßig lang, gut bemuskelt, mit leicht gewölbter Nackenlinie, trocken, ohne Wamme oder lose Kehlhaut.

Rumpf
Rücken: Gerade, kräftig, stramm. Lendenpartie kurz, kräftig und tief.
Kruppe: Breit, von mittlerer Länge in leichter Rundung verlaufend, weder gerade noch stark abfallend.
Brust: Geräumig, breit und tief (ca. 50 % der Widerristhöhe), mit gut entwickelter Vorbrust und gut gewölbten Rippen.
Bauch: Flanken nicht aufgezogen.
Rute: kurz kupiert, wobei ein oder zwei Rutenwirbel sichtbar erhalten bleiben.

Gliedmaßen
Vorderhand
Die Vorderläufe sind von vorn gesehen gerade und nicht eng gestellt. Die Unterschenkel stehen, seitlich gesehen, gerade. Die Neigung des Schulterblattes zur Waagerechten beträgt etwa 45 Grad.
Schultern: Gut gelagert.
Oberarm: Gut am Rumpf anliegend.
Unterarm: Kräftig entwickelt und bemuskelt.
Vordermittelfuß: Leicht federnd, kräftig, nicht steil.
Pfoten: Rund, gut geschlossen und gewölbt, Sohlen hart, Nägel kurz, schwarz und stark.
Hinterhand
Von hinten gesehen sind die Hinterläufe

Oben: *Der Kopf sollte von mittlerer Länge sein, breiter Oberkopf, leicht gewölbte Stirnpartie.*

gerade, nicht eng gestellt. Im zwanglosen Stand bilden Oberschenkel zum Hüftbein, Oberschenkel zum Unterschenkel und Unterschenkel zum Mittelfuß einen stumpfen Winkel.
Oberschenkel: Mäßig lang, breit und stark bemuskelt.
Unterschenkel: Lang, kräftig und breit bemuskelt, sehnig in ein kraftvolles Sprunggelenk übergehend, gut gewinkelt, nicht steil.
Pfoten: Etwas länger als die Vorderpfoten, ebenso gut geschlossen, gewölbt, mit starken Zehen, ohne Afterkrallen.

Gangwerk
Der Rottweiler ist ein Traber. Der Rücken bleibt fest und relativ ruhig. Der Ablauf der Bewegung ist harmonisch, sicher, kraftvoll und ungehemmt, bei guter Schrittweite.

Haut
Kopfhaut: Liegt überall straff an und darf bei hoher Aufmerksamkeit leichte Stirnfalten bilden.

Haarkleid
Beschaffenheit des Haares: Bestehend aus Deckhaar und Unterwolle. Deckhaar = Stockhaar, mittellang, derb, dicht und straff anliegend, die Unterwolle soll nicht aus dem Deckhaar hervortreten. An den Hinterläufen ist die Behaarung etwas länger.
Farbe: Schwarz mit gut abgegrenzten Abzeichen (Brand) von satter, rotbrauner Färbung an Backen, Fang, Halsunterseite,

Brust und Läufen sowie über den Augen und unter der Rutenwurzel.

Größe und Gewicht
Widerristhöhe Rüden 61 bis 68 cm.
61 bis 62 cm klein
63 bis 64 cm mittelgroß
65 bis 66 cm groß = richtige Höhe
67 bis 68 cm sehr groß
Gewicht ca. 50 kg
Widerristhöhe Hündinnen
56 bis 63 cm
56 bis 57 cm klein
58 bis 59 cm mittelgroß
60 bis 61 cm groß = richtige Höhe
62 bis 63 cm sehr groß
Gewicht ca. 42 kg

Fehler
Gesamtbild: Leichte, windige, hochläufige Gesamterscheinung, schwache Knochen und Muskeln.
Kopf: Jagdhundkopf; schmaler, leichter, zu kurzer, langer, plumper Kopf, flache Stirnpartie (fehlender oder zu geringer Stop).
Schnauze: Langer oder spitzer Fang; Rams- oder Spaltnase, eingesunkener oder abfallender Nasenrücken, helle oder gefleckte Nasenkuppe.

Unten: *Der Standard verlangt einen Hund voller Kraft und Beweglichkeit.*

Lefzen: Offene, rosafarbene oder fleckige Lefzen, offener Lefzenwinkel.
Kiefer: Schmaler Unterkiefer.
Backen: Stark hervortretende Backen.
Gebiß: Zangengebiß.
Ohren: Zu tief angesetzte, schwere, lange, schlappe, zurückgeklappte sowie abstehende und ungleichmäßig getragene Ohren.
Augen: Helle, offene, tiefliegende, zu volle sowie runde Augen.
Hals: Zu langer, dünner, schwach bemuskelter Hals, Wamme oder zu lose Kehlhaut.
Körper: Zu lang, zu kurz, zu schmal.
Brust: Flachgerippter Brustkorb, tonnenförmige Brust, Schnürbrust.
Rücken: Zu langer, schwacher oder eingesenkter Rücken, Karpfenrücken.
Kruppe: Abschüssige Kruppe, zu kurz, zu gerade oder zu lang.

Oben: *Der Nasenrücken sollte gerade sein, die Nase breit und schwarz.*

Rute: Zu hoch oder zu tief angesetzte Rute.
Vordergliedmaßen: Eng gestellte oder nicht gerade Vorderläufe. Steile Schulter, fehlender oder mangelnder Ellbogenanschluß, zu langer, zu kurzer oder steiler Oberarm, weicher oder steiler Vordermittelfuß, Spreizpfoten, zu flache oder zu stark gewölbte Zehen, verkümmerte Zehen, helle Nägel.
Hintergliedmaßen: Flachschenkelige, hackenenge, kuhhessige oder faßbeinige Läufe, zu eng oder zu weit gewinkelte Gelenke, Afterkrallen.
Haut: Kopfhaut faltig.
Haarbeschaffenheit: Weiches, zu kurzes oder langes Haar, Wellhaar, Fehlen der Unterwolle.

Oben: *Augen von mittlerer Größe, dunkelbrauner Farbe und mandelförmig; Lider gut anliegend*

Farbe: Mißfarbene, unklar abgegrenzte und zu ausgedehnte Abzeichen.

Disqualifizierende Fehler

Allgemeines: Betonte Umkehrung des Geschlechtsgepräges (Hündinnentyp bei Rüden und umgekehrt).
Verhalten: Ängstliche, scheue, feige, schußscheue, bösartige, übertrieben mißtrauische, nervöse Tiere.
Augen: Entropium, Ektropium, gelbe Augen, verschiedenfarbige Augen.
Gebiß: Vorbeißer, Unterbeißer, Hunde mit fehlenden Prämolaren oder Molaren.
Hoden: Einhodige oder hodenlose Rüden. Beide Hoden müssen, gut entwickelt, sich deutlich sichtbar im Hodensack befinden.
Haarbeschaffenheit: Ausgesprochen lang- und wellhaarige Tiere.
Haarfarbe: Hunde, die nicht dem Rottweiler entsprechend schwarz mit braunen Abzeichen sind, weiße Flecken.
N. B.: Rüden müssen zwei sichtlich normale, gut im Skrotum liegende Hoden aufweisen.

Unten: *Oberschenkel breit und stark bemuskelt; man achte auf das kräftige Sprunggelenk.*

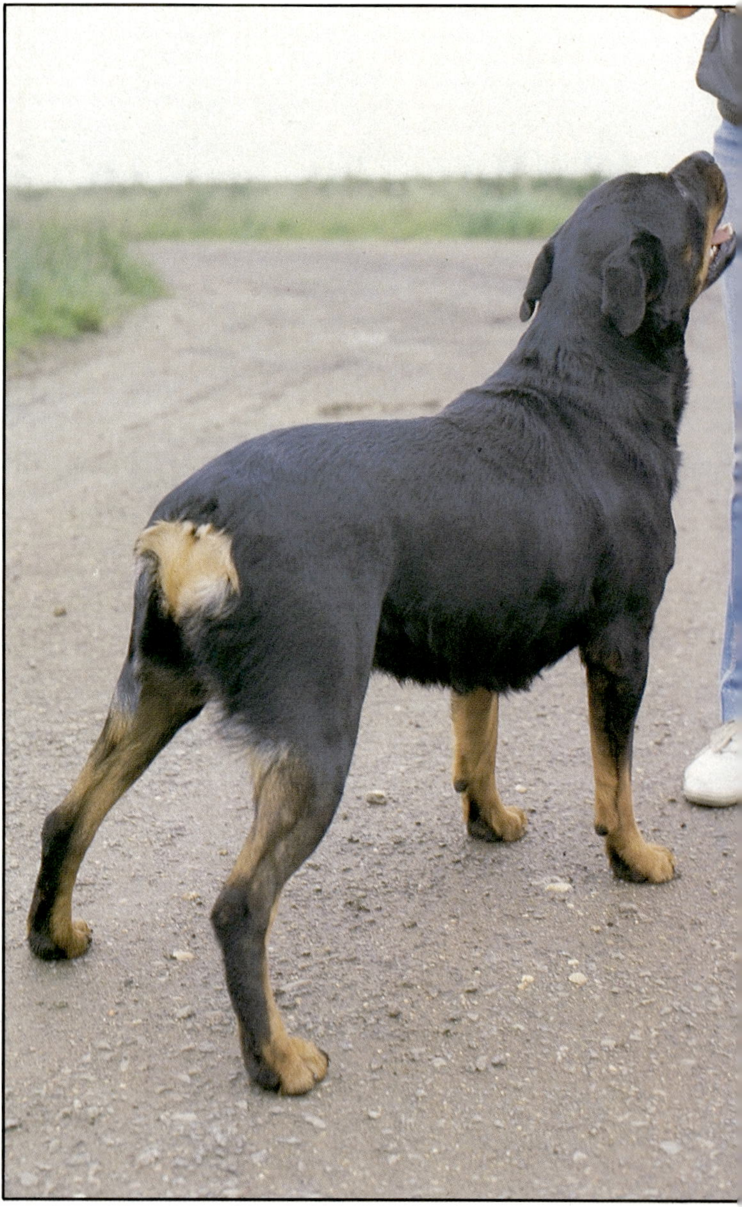

KYNOS KLEINE HUNDEBIBLIOTHEK

Diese moderne Buchreihe vermittelt umfassendes Wissen sorgfältig ausgewählter Experten. Umfang 96-120 Seiten. Reichhaltige, farbige Illustration, vorzügliche Aufmachung. Preis je Einzelbuch DM 24,80.

Die **Darstellungen ausgewählter Einzelrassen** geben einen vorzüglichen Eindruck über Anatomie, Charakter, Haltung, Erziehung, Pflege und Antwort auf die Frage, für welche Hundefreunde sich die Hunderasse optimal eignet. Ein Handbuch vor und nach dem Hundekauf, das Alltagsprobleme löst. Folgende Hunderassen sind bereits erfaßt, die Serie wird laufend erweitert.

COCKER SPANIEL - F. Kane / Ph. Wise
CHOW CHOW - Diana Phillips
DACHSHUND - Wolfgang Ransleben
DEUTSCHER SCHÄFERHUND - R. und C. Allan
DOBERMANN - Jimmy Richardson
GOLDEN RETRIEVER - Marigold Timson
LABRADOR RETRIEVER - M. Satterthwaite
PUDEL - Jacki Ransom
ROTTWEILER - Joan Blackmore
YORKSHIRE TERRIER - Jackie Ransom

In Vorbereitung 1992:
BERNER SENNENHUND - Prof. Dr. Bernd Günter
BULL TERRIER - Dr. D. Fleig
HOVAWART - Heidrun Blasius
WEST HIGHLAND WHITE TERRIER - Elsbeth Clerc

Die Serie enthält erstklassige **Einzelbücher zu Fachthemen,** die jeden Hundefreund angehen, in jede Hundebibliothek gehören. Wichtige Fragen werden umfassend auf Grundlage modernster Forschungsergebnisse beantwortet. In dieser Reihe sind bereits erschienen:
1x1 DER HUNDEERZIEHUNG - Heinz Gail
1x1 DER HUNDEHALTUNG - Edney / Mugford
HUNDE IM PARAGRAPHENDSCHUNGEL - F. u. J. Wienzeck
JULIA PRINZESSIN SCHLAPPOHR - Hannelore Pudelko

Für Katzenfreunde:
1x1 DER KATZENHALTUNG - David Alderton

KYNOS VERLAG

Dr. Dieter Fleig GmbH

Am Remelsbach 30, D-5537 Mürlebach, Tel. 06594/653, Fax 06594/452

HUNDEAUSSTELLUNGEN

Nach geschichtlichen Überlieferungen soll der Rottweiler erstmalig 1882 in Heilbronn auf Ausstellungen im Wettbewerb gestanden haben. Auf dieser Ausstellung war nur ein Rottweiler gemeldet, die Überlieferungen besagen nicht, wie er abgeschnitten hat. Seither hat sich sehr viel verändert, nicht immer zum Besseren.

Aufgrund der zahlenmäßigen Explosion dieser Rasse gibt es heute in einigen Ländern der Welt Menschen, die Rottweiler richten, obwohl sie sehr unerfahren sind. Dies ist ein Problem, das hoffentlich bald überwunden wird, wenn die Erfahrung wächst. Es ist traurig, einige neue Richter glauben, daß sie schon durch den Besitz von Rottweilern über ein paar Jahre zu Experten geworden sind. Experte kann man aber nur werden, wenn man mit offenen Augen durch die Welt geht, über viele, viele Jahre laufend lernt – kluge Experten zeichnen sich gerade dadurch aus, daß sie nie aufhören zu lernen. Man hüte sich vor Richtern, die schon immer alles gewußt haben, die mit Hunden grob oder übertrieben umständlich umgehen, vor Richtern, die über so wenig Selbstvertrauen verfügen, daß sie nur allgemein bekannte Hunde oder die Hunde ihrer Freunde auf die ersten Plätze stellen.

Welche Ausstellungen besucht man, unter welchen Richtern stellt man aus? Leider muß ich sagen, man kann dies nur durch eigene Versuche (trial and error) herausfinden; besucht man bei einer Vielzahl von Richtern Ausstellungen, lernt man schnell, welche Richter man besser meidet. Ausstellungen werden in den Hundefachzeitschriften mit Angabe des Ausstellungssekretariats angekündigt. Diese versenden Ausschreibungen und Meldeformulare, hieraus erkennt man, wer richtet. Man muß die Anmeldung vollständig ausfüllen, rechtzeitig einsenden unter gleichzeitiger Bezahlung des Meldegeldes.

Hat man seinen Hund für eine Ausstellung gemeldet, sollte man ihn darauf vorbereiten. Es dauert täglich nur 5–10 Minuten, seinem Hund beizubringen, sich in natürlicher, für ihn günstiger Position zu zeigen, sich frei an loser Leine zu bewegen und andere Hunde zu ignorieren. Diese Grundausbildung ist vor der ersten Ausstellung notwendig. Zur Zeit gibt es in England eine dumme Ausstellungsmode, dabei steht der Führer so vor seinem Hund, daß er mit den Knien fast den Brustknochen des Hundes berührt. Dadurch wird der Hund veranlaßt, nach oben zu starren, die Nase himmelwärts gerichtet. Hierdurch wird die Front des Hundes verzerrt, das seitliche Profil verdorben. Richter müssen Hunde immer natürlich stehen sehen, mit dem Kopf nach vorne, nie nach oben gerichtet, dadurch zeigt sich die Lage der Schulter und die Halslinie.

Die Front des Hundes sollte deutlich erkennbar sein, ein guter Vorführer achtet darauf, daß der Hund – nicht er selbst – vom Richter richtig gesehen wird.

Man lehrt seinen Hund, an loser Leine in der Position »Steh!« zu verharren, man sagt ihm »Bleib!« und geht einige Schritte

Unten: *Im Ausstellungsring ist es wichtig, daß der Hund einen korrekten Trab zeigt, andere Hunde negiert.*

Ganz unten: *In perfekter Ausstellungshaltung sollte sich die Frontpartie des Hundes, Schulterlage und Halslinie zeigen.*

zurück. Hierbei kann man durchaus einen Leckerbissen in der Hand halten, man sollte aber seine Hand mit Leckerbissen so halten, daß der Hund nicht immer nach oben schaut.

Zu Hause läßt man einige Freunde den Hund »mit den Händen richten«. Sie überprüfen die Rückenlinie, Schultern und Hinterhand. Wird der Hund durch eine solche Prüfung verwirrt, beginnt man von vorne mit der Erziehung zu »Steh! Bleib!«, lehrt den Hund, in dieser Haltung zu verharren, ganz gleich, wer ihn berührt. Es ist richtig, selbst dem Richter das Gebiß des Hundes zu zeigen. Hat man dies zu Hause gelernt, dem Hund sicheres Stehen beigebracht, lehrt man ihn auch, daß man ihm die Lefzen so anheben kann, daß alle Zähne kontrolliert werden können, alles ohne Probleme.

Manche Hunde sind an den Hinterläufen stark befedert, haben an der Rute einige längere Haare; diese Haare so abzuscheren, daß der Hund eine saubere äußere Linie zeigt, ist gestattet.

Man sollte immer frühzeitig zur Hundeausstellung gehen, so daß sich der Hund an die Umgebung gewöhnen kann, sich auch vor seinem Auftritt im Ring gelöst hat. Betritt man dann den Ring, sollte man Freude daran haben, sich keinesfalls aufregen. Natürlich konzentriert man sich so, daß man den Hund möglichst vorteilhaft vorführt, wird der Hund plaziert, ist dies eine hübsche Belohnung. Das Wichtigste aber ist die Freude an einem solchen Ausstellungstag, für Aussteller und nicht zuletzt für den Hund.

Nie sollte man den Hund unbeaufsichtigt in seiner Box lassen, es wurden schon auf einigen Hundeausstellungen Hunde gestohlen oder verletzt. Es gibt überall ein paar Verrückte, einige Aussteller werden zuweilen auch recht unangenehm und tückisch, wenn ein anderer Hund gewinnt und nicht ihr eigener. Was immer auch passiert, man sollte versuchen, ein besonnener Aussteller zu sein, keiner von den großmäuligen Ehrgeizlingen; immer sollte man anderen gegenüber freundlich sein, niemals bei eigenem Erfolg zu übermütig werden. Stets sollte man Gewinn wie Niederlage mit Anstand hinnehmen. Nie vergesse man, daß es der Hund ist, den man liebt, den man mit nach Hause nimmt, gleich ob er gewonnen oder verloren hat; immer muß man wissen, daß das nächste Mal die Dinge ganz anders verlaufen können.

Möchte man seinen Hund in der Box alleine lassen und sich die Ausstellung ansehen, ist es immer gut, sich mit Nachbarausstellern bekannt zu machen, diese zu bitten, auf den eigenen Hund zu achten, umgekehrt anzubieten, bei der Rückkehr auch auf die Hunde der Nachbarn aufzupassen.

Ausstellungstips

Am Ausstellungstag muß man mitnehmen:

a) Halsband, Boxenkette, Wasserschüssel
b) Clip, um die Ringnummer zu befestigen
c) Leckerbissen (Manche Leute haben eine kleine Gürteltasche umgeschnallt).
d) Bürsten, Leder
e) Decke für die Ausstellungsbox
f) Meldebestätigung

Unten: *Am besten macht man seine Ausstellungsbox mit einer Decke für den Hund bequem. Eine Wasserschüssel sollte dabei sein.*

Im Ausstellungsring muß der Hund stets gut gepflegt und glänzend erscheinen, fit – nicht fett – und über die gesamte Zeit sich einwandfrei benehmen. Heutzutage ist das Hundeausstellen zum ernsthaften Geschäft geworden. Die Zeiten, als ich auf der Windsor Championshipshow vor dem Richten der offenen Klasse Hündinnen an einem Zeltpfahl mit Freunden in ein Gespräch so vertieft war, daß ich erst im allerletzten Augenblick in den Ring stürzen konnte – und dennoch mit meinem alten Champion Schutz einen Preis gewann, sind vorbei.

Nie sollte man auf dem Ausstellungsparkplatz Hunde im Auto lassen – selbst an mäßig warmen Tagen hat dies schon zum Tod einiger Hunde geführt. Man sollte das Schicksal nicht herausfordern, für den Hund ist es ein schrecklicher Tod. In Amerika traf ich auf Ausstellungen Rottweiler mit feuchten Umhängen, um sie an heißen Tagen zu kühlen. Dies halte ich bei extrem heißem Wetter für eine gute Idee, denn Rottweiler sind bei solchen Temperaturen nicht gerade in ihrem Bestzustand.

LEISTUNGSWETTBEWERBE

Leistungsprüfungen sind schwieriger, mir bereiten sie aber auch viel mehr Freude. Die Arbeit ist härter, insbesondere praxisbezogener. Bei einigen Wettbewerben geht es weniger um äußerste Präzision als um die Beurteilung der tatsächlichen Leistungsfähigkeit. In England gibt es den CD-Wettbewerb (Companion Dog). Dieser erfordert:

1. Leinenführigkeit
2. Frei folgen
3. Vorausschicken
4. Hereinkommen
5. Apportieren eines Gegenstandes in der Ebene
6. Klettersprung über 1,8 m
7. Freisprung über 0,9 m
8. Weitsprung über 2,7 m
9. Sitz! Bleib! über 2 Minuten, Führer außer Sicht
10. Platz! Bleib! über 10 Minuten, Führer außer Sicht
11. Absuchen von 12 m^2 nach vier verwitterten Gegenständen. Vier Minuten sind für diese Übung zulässig.

Um die Prüfung zu bestehen, muß man zumindest bei jeder Übung die halbe Punktzahl erreichen, und dies ist eigentlich das wirkliche Arbeitsziel, weniger die Plazierung auf dieser Prüfung.

Für die CD-Prüfung in Amerika für Anfänger bedarf es einer Gesamtpunktzahl von 170–200 Punkten auf drei verschiedenen, vom American Kennel Club (AKC)

Unten: *Demonstration der Leistungsfähigkeit eines Rottweilers, der im Freisprung mit noch großem Abstand das Hindernis nimmt.*

Oben: *Schrägwand, ein sichereres Hindernis als der Steilklettersprung. Der A-Rahmen mindert das Risiko eines steilen Falls.*

durchgeführten Ausstellung. Dabei muß der Hund:

1. An der Leine Fuß gehen
2. Frei folgen
3. Stehen mit körperlicher Überprüfung
4. Auf Kommando herankommen
5. Eine Minute Sitz! Bleib!
6. Drei Minuten Platz! Bleib!

In meiner Jugend arbeitete ich mit einer rotweißen englischen Bull Terrier-Hündin auf Leistungsprüfungen; als sie sich mit acht Jahren zur Ruhe setzte, war ich sicher, nie wieder einen Bull Terrier zu finden, der so gut springen konnte. Seit meiner Kindheit hatte ich Bull Terrier, ich konnte mich für keine andere Hunderasse begeistern, bis ich meinen ersten Rottweiler bei der Arbeit sah – Rintelna the Bombadier CDEX (Companion Dog Excellent) UDEX (Utilitiy Dog Excellent) im Besitz von Mrs. Mcphail.

Es war echte Liebe auf den ersten Blick, bald war ich der stolze Besitzer eines seiner Söhne, nämlich Emil vom Blackforest (Panzer). Dies war der beste Hund, den ich je besaß. Er arbeitete auf Leistungsprüfungen, qualifizierte sich für Spitzenveranstaltungen und er spielte in mehr als 900 Film- und Fernsehrollen.

Agilityprüfungen bilden eine lohnende Freizeitbeschäftigung, augenblicklich gibt es aber in England ein großes Problem, den Klettersprung. Für die Schultern eines Rottweilers ist es sehr hart, aus einer Höhe von 1,8 m herunterzuspringen und kann ernsthafte Verletzungen kosten. Von vielen wird ein A-Rahmen für diese Prüfung verlangt, denn es geht darum, die Geschicklichkeit zu prüfen, ein solcher A-Rahmen würde es weiteren Hunderassen wie Springer Spaniel, Bull Terrier und anderen kurzläufigen schweren Hunden ermöglichen, an diesem Wettbewerb teilzunehmen. Agility Trials sollten für jedermann offenstehen, nicht nur für Gebrauchshunderassen.

Für die UD-Prüfung (Utility Dog) wird von dem Hund die CD-Leistung gefordert, zusätzlich Spurensuche, und für jede weitere Prüfung WD (Working Dog), TD (Tracker Dog)-Suchhund bis zu PD (Police Dog) werden die Aufgaben progressiv schwieriger. PD-Prüfungen umfassen auch Mannarbeit einschließlich Kontrollübungen wie das Zurückrufen des Hundes von einem flüchtenden Verbrecher, ohne zu beißen, die Suche nach verborgenen Personen, wobei nur Verbellen, nicht Beißen gelehrt wird. Hunde, die die PDEX (Police Dog Excellent) bestanden haben, sind wirklich vorzüglich ausgebildete Hunde, die völlig unter der Kontrolle ihres Führers stehen.

Von Land zu Land sind die Wettbewerbsregeln für Leistungsprüfungen verschieden. Hier möchte ich einmal aufführen, was in England von einem Hund verlangt wird, der eine Prüfung in »Novice Obedience« (Anfänger Unterordnung) ablegt.

1. Leinenführigkeit
2. Frei folgen
3. Apportieren eines Gegenstandes auf der Ebene
4. Kommen zum Führer
5. Sitz! Bleib! eine Minute
6. Platz! Bleib! drei Minuten
7. Steh! Bleib!
8. Wesenstest an der Leine

Das Leistungsniveau liegt sehr hoch, insbesondere die schnellen, außerordentlich aufmerksamen Border Collies sind schwer zu übertreffen. Man braucht um zu gewinnen in der Unterordnung sehr große Präzision, muß zuvor unter Anleitung eines Experten tüchtig üben. Am besten wird man Mitglied der besten Ausbildungsgruppe, die man finden kann, man vergewissere sich, daß die Übungswarte wirklich ihr Handwerk beherrschen. Einige Übungswarte machen einen einmonatigen Kurs durch und kehren von diesem mit einem Stück Papier zurück, das besagt: »Sie sind jetzt Hundeausbilder!« Schön, man sollte sich aber fragen, ob sie nun wirklich praktische Erfahrung haben. Was haben sie wirklich auf einem solchen Kurs gewonnen? Haben sie dabei mit anderen Hunderassen als Border Collie oder Deutschen Schäferhunden gearbeitet? Man beobachte die Übungswarte sorgfältig mit ihren eigenen Hunden, insbesondere ob ihre Tiere fröhlich sind, unterordnungswillig. Kann ein solcher

Oben: *Die Arbeit beginnt. Mannarbeit erfordert völligen Gehorsam und sorgfältige Ausbildung. Man sollte keinem Hund diese Übung beibringen, wenn es nicht notwendig ist.*

Rechts: *Der Mann ist dem Hund nicht entkommen, der Hund packt zu. Man achte auf den Lederschutz am Arm des Scheintäters.*

Oben: *Der Hund hält den Scheintäter fest, läßt nur auf Kommando seines Führers los.*

Übungswart in einfachen Worten erklären, was Hundeliebhaber wissen müssen?

Findet man einen guten Übungsleiter und ist Mitglied des Ausbildungsvereins, wird der Ausbilder dem Hundebesitzer die gemachen Fehler erklären, helfen, daß er bessere Ergebnisse erreicht. Hier ist kein Raum für eine volle Anleitung zur Hundeausbildung – dazu braucht man ein eigenes Buch.

Ich bin dagegen, daß Hundehalter ihre Hunde auf Mannarbeit ausbilden, hierfür ist unglaublicher Gehorsam und Kontrolle erforderlich, ehe man dies zulassen sollte, und nur wenige Hundeführer sind bereit, alle die harte Arbeit für eine sichere Kontrolle durchzuführen. Einige Menschen wollen gerne einen angreifenden Rottweiler, können ihren Rottweiler hierfür aber nicht unter Kontrolle halten, was zu sehr großen Gefahren führen kann. Hierfür ein Beispiel, das mir mit »Panzer« selbst passierte.

Ich wartete auf meinen früheren Ehemann, er kam in einer großen Menschenmenge durch ein Tor, auf einige Entfernung ließ ich »Panzer« von der Leine, schickte ihn meinen Mann abholen. Gerade in diesem Augenblick löste sich ein Mann aus der Menge und begann schnell entgegengesetzt von uns wegzulaufen. Panzer war in Mannarbeit ausgebildet, verstand die Situation falsch, verstand auch mein Kommando falsch. Als der Hund in schnellster Gangart lospreschte war mit klar, was geschehen war, und ich schrie so laut ich konnte: »Panzer Platz!« Glücklicherweise hatten wir viele Kontrollübungen trainiert, drei Schritte von dem laufenden Mann machte der Hund Platz. Glücklicherweise hatte dieser überhaupt nicht bemerkt, daß ein Rottweiler hinter ihm herlief, ihn fast gefaßt hätte. Der Mann lief weiter, und ich rief den Hund zurück. Man sollte sich aber wirklich vorstellen, was hätte passieren können, wenn der Hund nicht so gehorsam gewesen wäre. Solche Unglücke können mit einem auf Mannarbeit ausgebildeten Hund immer geschehen. Man sieht, wie wichtig Kontrollübungen mit striktem Gehorsam sind.

Man weiß allgemein, daß Rottweiler härter zubeißen als Deutsche Schäferhunde oder Dobermänner, schrecklichen Schaden anrichten können. Ich habe die Narben solcher Bisse gesehen, kein schöner Anblick! Man sollte einen unausgebildeten Rottweiler nie ermuntern, irgend jemanden zu beißen. Rottweiler haben einen angeborenen Schutzinstinkt und werden – einmal ausgereift – ihre Familie gut schützen. In der Regel reicht die Tatsache des Besitzes eines Rottweilers, dies schreckt die meisten Übeltäter ab.

Ich hoffe, Rottweiler-Besitzer bilden ihren Hund aus, denn dies ist eine außerordentlich lohnende Freizeitbeschäftigung, zahlt sich im täglichen Leben aus. Man braucht hierfür einige freie Zeit, einen Hund und – etwas Wissen, dann eröffnen sich völlig neue Erfahrungen.

HUNDE ERZIEHEN . . . LEICHT GEMACHT

Roger Mugford - HUNDEERZIEHUNG 2000 - Irrtumsfreies Lernen
200 Seiten, 67 Farbfotos, DM 49,80
Seit 1979 leitet der international renommierte Verhaltensforscher Dr. Roger Mugford das „Animal Behaviour Center". Sein neues Erziehungssystem für Hunde, mit den Erziehungshilfen **Halti, Kong-toys, dog-stop, aboistop und boomer ball,** leitete eine Wende in der Hundeerziehung ein. Mit einem Minimum an Zwang wird der Hund unter gezieltem Ausnutzen seines eigenen Verhaltensinventars problemlos in die menschliche Familie und moderne Umwelt integriert. Die Forschungsergebnisse von Dr. Roger Mugford revolutionieren die Hundeerziehung - daher der Buchtitel! Anwendbar für die Familienhund-Erziehung wie auch für den Leistungssport. Ein **Muß** für jeden Hundehalter.

Ruth Hobday - AGILITY ... MACHT SPASS!
Band I - Ein Führer Schritt für Schritt - für Anfänger wie Fortgeschrittene
143 Seiten, 190 Fotos und Zeichnungen, DM 32,00
Band II - Kontrolle und Vorführtechnik für Wettbewerber auf allen Leistungsstufen
205 Seiten, 200 Fotos und Zeichnungen, DM 39,80
Agility ist Behendigkeit auf sechs Beinen! Dieser Freizeitsport gewinnt weltweit laufend neue Freunde. Das Ursprungsland ist England und die Autorin gehört zu den Pionieren, die diesen Sport von Anfang an aufgebaut haben. Die beiden Bände führen in alle Geheimnisse der Agility-Ausbildung ein. Wie in England werden diese nun endlich auch in deutscher Sprache erhältlichen Bücher bald auch auf dem Kontinent zum Standardwerk für den Agility-Sport werden.

Heinz Gail -1 x 1 DER HUNDEERZIEHUNG - Ratgeber für erfolgreiche Erziehung
Kynos Kleine Hundebibliothek, 104 Seiten, 74 Fotos, DM 24,80
Nur durch sinnvolle Nutzung der gerade im Welpenalter besonders ausgeprägten Lernfähigkeit des jungen Hundes erwächst Harmonie und Verständnis von Mensch und Hund. Auch „verdorbene Hunde" kann man sinnvoll korrigieren. Wie man das macht, zeigt diese Hundeschule. Eines der besten Bücher, die über die Erziehung unserer Hunde geschrieben wurden. Profundes eigenes Wissen des Autors, unter Ausnut-zung der **Wolters-Erziehungsmethode.**

Konrad Most - DIE ABRICHTUNG DES HUNDES - Klassische Erziehungsmethode
16., von **Fritz Rasch** völlig neu bearbeitete Auflage, 232 Seiten, 85 Abbildungen, DM 39,80
Das auflagenstärkste deutschsprachige Erziehungswerk für Gebrauchshunde vom „Schöpfer des Dienst-hundewesens". Nach der Abrichtungsmethode Mosts lernt jeder Hund schneller, da sie das hundliche Verhaltensinventar voll nutzt. Trotz des mit dieser Methode verbundenen Zwangs bleibt die Arbeitsfreu-digkeit weitgehend erhalten, werden zuverlässige Leistungen erzielt. Die Most'sche Abrichtungslehre ist Grundlage der heutigen Ausbildung von Gebrauchshunden.

John Rogerson - HUNDEERZIEHUNG ... TIERISCH GUT
64 Seiten, humorvoll farbig illustriert, DM 24,80
Für eine erfolgreiche Hunderziehung gibt es zwei Wege - Unterdrückung unerwünschter Handlungen oder Verstärkung richtigen Tuns durch Lob. Das Aktivieren erwünschter Handlungen, wie es John Rogerson geradezu meisterhaft in diesem Buch dokumentiert, führt zur Hundeerziehung tierisch gut! Schritt für Schritt leitet der Autor den Leser durch alle Einzelheiten, die er zur Erziehung seines Haushundes wissen muß. Besonders beeindruckend die Erläuterung, wie menschliche Stimme, Mimik und Hände den Hund lehren.

Richard A. Wolters - NEUE WEGE DER JAGDHUNDEAUSBILDUNG
- Früherziehung auf wissenschaftlicher Grundlage - nicht nur für Jagdhunde!
212 Seiten, 270 Abbildungen, DM 46,00
Eine präzise Ausbildungslehre - Schritt für Schritt - vom 7 Wochen alten Welpen bis zum Jährling am Beispiel des Labradors. Mehr als eine halbe Million verkaufter Ausbildungsbücher dokumentieren das Ansehen des Autors. Auf den Grundlagen modernster Verhaltensforschung wird die gerade im Jugendalter extreme Lernfähigkeit des Hundes gezielt auf seine Aufgaben ausgerichtet. Trotz klarer Zielsetzung auf die Jagdhundeausbildung ist dieses Buch eine **unerschöpfliche Fundgrube für jeden Hundebesitzer.** Allen Hunden - gleich welcher Rasse - wäre gedient, würden sie nach der **Wolters-Methode,** weitgehend ohne Zwang, erzogen. Sehr empfehlenswert!

KYNOS VERLAG Dr. Dieter Fleig GmbH

Am Remelsbach 30, D 54570 Mürlenbach
Telefon 06594/653, Telefax 06594/452

„Der **GOTHA DES HUNDEADELS!** So ein Nachschlagewerk hat gefehlt. Sehr interessant und seinen Preis wert."
Dr. Dorit Feddersen-Petersen

Das ist der Brockhaus der Hundezucht! Der für seine excellenten Hundebücher bekannte KYNOS VERLAG hat unter der Federführung des Experten Dr. Dieter Fleig dieses Mammut-Werk ins Deutsche übersetzt. *Ein Herz für Tiere*

„Der KYNOS ATLAS ist ein **kynologisches Jahrhundertwerk**, er wird als Nachschlagwerk über Jahrzehnte dem Kynologen unentbehrlich sein".
Dr. h.c. Hans Räber

Ich habe noch nie ein Buch dieser Großartigkeit gesehen. Nur wenige Bücher muß jeder Hundebesitzer haben. Dies ist eins davon. *Dog Fancy*

KYNOS ATLAS, Hunderassen der Welt 912 Seiten, 1.100 Farbfotos, DM 198,-

KYNOS VERLAG Dr. Dieter Fleig GmbH Am Remelsbach 30 - 54570 Mürlenbach
Telefon 06594 - 653 Telefax 06594 - 452

ANHANG

Fachterminologie

Anorchid: Hodenloser Rüde.
Anus: After
Ausbalanciert: Ein richtig proportioniertes Tier, bei dem ein Körperteil zum anderen paßt.
Bitch: Englische Bezeichnung für Hündin.
Caniden: Gattungsgruppe Canis, zu der Hunde, Füchse, Wölfe und Schakale gehören.
Canines: Die vier großen Fangzähne im Hundefang, jeweils zwei große Zähne im Ober- und Unterkiefer außerhalb der Schneidezähne.
Close coupled: Ein Hund, der zwischen Rippen und Becken vergleichsweise kurz gebaut ist.
Conformation: Englische Bezeichnung für den anatomischen Aufbau eines Hundes im Vergleich zu den Anforderungen des Rassestandards.
Dam: Englische Bezeichnung für die Mutter eines Hundes.
Dishface: Eingesenkt verlaufende Kopflinie (konkav).
Double Coat: Unterwolle und längeres Deckhaar.
Downface: Aufgewölbte Kopflinie (Konvex).
Dudley nose: Schmetterlingsnase (Pigmentmangel).
Durchgetretene Pfoten: Schwacher oder fehlerhafter Mittelfuß. (Metacarpus), d. h. die Vorderläufe sind im Vordermittelfuß durchgetreten.
Ellbogen: Gelenk zwischen Ober- und Unterarm.
Fall: Langes Haar rings um den Kopf.
Fang: Die Kopfpartie vor den Augen, einschließlich Nase, Nüstern und Kiefer.
Faßförmigkeit: Zu stark gerundeter Brustkorb, durch den die Ellenbogenaktion gestört wird.
Fiddle front: Schlechte Front, ausgedrehte Ellenbogen, Pfotengelenke nach innen, Pfoten nach außen gestellt.
Hackney action: In der Bewegung zu hohes Anheben der Vorderläufe wie Hackney-Pferde.
Hasenpfote: Lange, schmale Pfote.
Haw: Drittes Augenlid am inneren Augenwinkel.
Hock: Sprunggelenk, unteres Gelenk der Hinterläufe.
In-breeding: Englische Bezeichnung für Inzest-Zucht.
Kastration: Chirurgische Hodenentfernung.
Kruppe: Hintere Rückenpartie oberhalb der Hinterläufe.
Kryptorchid: Rüde, dessen Hoden in der Bauchhöhle verblieben, nicht in den Hodensack abgestiegen sind.
Kuhhessig: Sprunggelenke einwärts gedreht.
Kupieren: Operative Verkürzung der Rute.
Layback: Winkel des Schulterblattes zu einer senkrecht gezogenen Linie.
Leather: Englische Bezeichnung für Ohrlappen.
Lende: Beidseits der Wirbelsäule zwischen letzter Rippe und Hüftknochen.
Linienzucht: Paarung verwandter Hunde innerhalb einer Blutlinie auf einen gemeinsamen Vorfahren, z. B. Rüde mit Großmutter oder Hündin mit Großvater.
Loaded: Übermäßige Bemuskelung (überladen).
Maiden: Hündin, die noch nie gedeckt wurde.
Mandelauge: Auge in einer mandelförmigen Lidspalte.
Molaren: Hintere Backenzähne.
Molera: Unvollständiges Schließen des Schädelknochens.
Monorchid: Rüde mit nur einem Hoden im Hodensack.
Obere Linie: Linie vom Halsansatz bis Rutenansatz.
Occiput: Hinterhaupt.
Oestrum: Hitzeperiode einer Hündin, in der sie Menstruationsblut verliert und gedeckt werden kann.
Paßgang: Linker Vorderlauf und linker Hinterlauf bewegen sich gleichzeitig nach vorne, dann rechter Vorderlauf und rechter Hinterlauf; hieraus entsteht eine rollende Bewegung.
Pastern: Vorderlauf zwischen Fußwurzel und Zehen.
Patella: Bänderapparat am Kniegelenk, der die Kniescheibe umfaßt.
Pelvis: Becken.
Porzellanauge: Auge von klarblauer Farbe.
Prefix: Zusatz zum Hundenamen, um diesen mit einem bestimmten Züchter zu identifizieren.
Puppy: Junghund bis zum Alter von 12 Monaten.
Register: Zuchtbuchform für Hunde, bei denen die ersten drei Ahnenreihen nicht vollständig nachgewiesen sind.
Roach back: Konvexer Verlauf der Rückenlinie.
Rückbiß: Vordere Schneidezähne (incisors) des Oberkiefers überragen die Schneidezähne des Unterkiefers, ohne sie zu berühren.
Scherengebiß: Die Vorderseite der unteren Schneidezähne berührt die Rückseite der oberen Schneidezähne.
Schneidezähne: Zwischen den Fangzähnen liegende vordere Zahnreihe im Ober- und Unterkiefer (incisors).
Schub: Gute Aktion aus der Hinterhand.
Schulterhöhe: Senkrechtes Maß vom Widerrist zum Boden.
Sire: Vater eines Hundes.
Snipy: Schwacher, spitz zulaufender Fang.
Spay: Chirurgische Entfernung der Eierstöcke zur Unfruchtbarmachung einer Hündin.
Spring: Rippenwölbung.
Standard: Wortbild einer Hunderasse in Anatomie und Wesen.
Staupegebiß: Verfärbte oder verkrüppelte Zähne als Folge von Staupeerkrankung.
Steil in der Schulter: Senkrechte Lagerung der Schulterblätter, Gegensatz zur zurückgelagerten Schulter.
Sternum: Brustbein.
Stop: Abfall der Stirnlinie vor den Augen.
Stud: Zuchtrüde.
Sway back: Hängerücken.
Taubenfüßig: Nach innen gerichtete Vorderpfoten.
Topknot: Sehr langes Haar auf dem Kopf.
Vent: Analöffnung.
Vorbiß: Schneidezähne des Unterkiefers vorstehend, dabei vor den Schneidezähnen des Unterkiefers gelagert.
Wamme: Übermaß loser Haut unter der Kehle.
Weaving: Kreuzen der Vorderläufe in Bewegung (weben).
Winkelung: Von Knochen bestimmter Winkel. In erster Linie an Schulter-, Knie- und Sprunggelenk.
Wolfskralle: Zusatzkralle an der Innenseite im unteren Bereich der Läufe.
Wry mouth: Unterkiefer und Oberkiefer stehen nicht in derselben Linie.
Zangenbiß: Obere und untere Schneidezähne stehen aufeinander (Level bite).
Zuchtbuch: Register zur Eintragung aller Rassehunde, deren Abstammung zumindest für drei Generationen nachgewiesen ist.
Zwingername (Affix): Kennwort des Züchters, das bei der Registrierung durch den Zuchtclub nur vom Züchter und niemand sonst verwendet werden darf. Es gibt nationalen und internationalen Zwingernamenschutz.

Oben: *Richtig erzogen und mit der Umwelt vertraut gemacht wird ein Rottweiler zu einem Gefährten des Menschen, wie er kaum zu übertreffen ist.*

Nationale Hundezuchtorganisationen

Australien Australian National Kennel Council, Royal Show Grounds, Ascot Vale, Victoria

Belgien Societé Royale Saint Hubert, Avenue de l'Armee 25, B-1040 Brüssel

Canada Canadian Kennel Club, 2150 Bloor Street West, Toronto M6S1 M8 Ontario

Deutschland Verband für das Deutsche Hundewesen e.V., Westfalendamm 174, D-44141 Dortmund

FCI Fédération Cynologique Internationale, 12 Rue Leopold II, B-6530 Thuin

Frankreich Societé Centrale Canine, 215 Rue St. Denis, F-75083 Paris

Großbritannien The Kennel Club, 11 Clarges Street, London W1Y 8AB

Holland Raad van Beheer op Kynologisch Gebied in Nederland, Emmalaan 16, NL-1007 A.X. Amsterdam Z.

Irland Irish Kennel Club, 23 Earlsfort Terrace, Dublin 2

Italien Internationale Della Cinofilia Italiana, Viala Premuda, I-21 Milano

Luxemburg Union Cynologique Saint Hubert du Grand-Duché de Luxembourg Rue Huberty 42, L-Luxembourg

Neuseeland New Zealand Kennel Club PO Box 19-101. Arow Street, Wellington

Österreich Österreichischer Kynologenverband, Joh.-Teufel-Gasse 8, A-1238 Wien

Schweiz Schweizerische Kynologische Gesellschaft, Länggasstraße 8, CH-3001 Bern

Spanien Real Sociedat Central de Formento de las razas en Espana, Los Madrazo 20, Madrid 14

USA The American Kennel Club, 51 Madison Avenue, New York, 10010 NY

Rottweiler Spezialzuchtvereine

Deutschland Allgemeiner Deutscher Rottweiler-Klub e.V., Geschäftsstelle Rintelner Straße 385, 32457 Porta Westfalica, Tel. (0 57 22) 2 11 06

Österreich Österreichischer Rottweiler-Klub, Geschäftsstelle, A-2464 Göttlesbrunn 42, Tel. (0 21 62) 84 16

Schweiz Schweizerischer Rottweiler-Club, Präsident Stephan Meyer, Brunnenweid 16, CH-5643 Sins, Tel. (0 42) 66 24 37